The English Text of the Ancrene Riwle

EDITED FROM
GONVILLE AND CAIUS COLLEGE MS.
234/120

EARLY ENGLISH TEXT SOCIETY

No. 229

þat þus beoð imenned. To enlichte hadde
þat on þat oþer to estelich: þat pride
to fradlicke: þat feorþe hadde to muchel.
þat fifte to ofte: þruch more þen me
be bof þeof g's iwisted. Ich spolie sheort
liche of ham, vsli seoie ich am aþed þat
to seose of uls; estelich ham seðen.

O sonpnm of lecherie þat is of g'it nesse.
haueð synneche amðles. þat in a þel rooge
muð haþe sinnes nome ne sit naþe þel to
nemmen. for þe none ane malice hyten
alle þet rogene eaþen. & fulen cleane
heorten. þeo þat memai nempnm. þe no
men þat me enaped þel. & leod maþe harm
is moine al to oyer. horedom. aspbinche.
þandenhype. & maþt þat is broithen silbe.
flesliche oþer gastliche. þat is ifok idesled.
ful pit to þat sulþe pid stiles gedmnge.
oþer halpen pderparð. sheo peote & þat
nesse þer ef hmten. þer after pið þo

The English Text of the Ancrene Riwle

EDITED FROM
GONVILLE AND CAIUS COLLEGE MS.
234/120

BY

R. M. WILSON

WITH AN INTRODUCTION BY
N. R. KER

Published for
THE EARLY ENGLISH TEXT SOCIETY
by the
OXFORD UNIVERSITY PRESS
LONDON   NEW YORK   TORONTO

OXFORD
UNIVERSITY PRESS

Great Clarendon Street, Oxford OX2 6DP
United Kingdom

Oxford University Press is a department of the University of Oxford.
It furthers the University's objective of excellence in research, scholarship,
and education by publishing worldwide. Oxford is a registered trade mark of
Oxford University Press in the UK and in certain other countries

© The Early English Text Society 1954

The moral rights of the authors have been asserted

Database right Oxford University Press (maker)

First Edition published in 1954
Reprinted 1957

All rights reserved. No part of this publication may be reproduced,
stored in a retrieval system, or transmitted, in any form or by any means,
without the prior permission in writing of Oxford University Press,
or as expressly permitted by law, or under terms agreed with the appropriate
reprographics rights organization. Enquiries concerning reproduction
outside the scope of the above should be sent to the Rights Department,
Oxford University Press, at the address above

You must not circulate this book in any other form
and you must impose this same condition on any acquirer

Published in the United States of America by Oxford University Press
198 Madison Avenue, New York, NY 10016, United States of America

British Library Cataloguing in Publication Data
Data available

Library of Congress Cataloging in Publication Data
Data available

Original Series, 229

ISBN 978-0-19-722229-4

CONTENTS

FRONTISPIECE: Gonville and Caius MS. 234/120, p. 123

PREFATORY NOTE   vii

INTRODUCTION   ix

CORRESPONDENCES BETWEEN MORTON'S *ANCREN RIWLE* AND THE PRESENT EDITION   xiv

TEXT   1

PREFATORY NOTE

THE English manuscripts of the *Ancrene Riwle* are reproduced as they stand without emendation. Alterations made by the original scribe are enclosed in angular brackets; letters or words expuncted are so printed, alterations and additions by other hands are recorded in the footnotes. The capitalization, punctuation, and word-division of the manuscript are retained; the ordinary hyphens used are those of the manuscript, being almost always at line-ends. For a hyphen introduced by the printer where a word has to be broken at the end of a line the symbol ⸗ is used. When a word is divided in the manuscript between two lines and there is no hyphen, a short vertical stroke is inserted in the print at the point of division.

Contractions are normally expanded without italics; but þ̄ (for *þet* or *þat*) and 7, etc. (for 'and' or 'ant') are left unexpanded. If ƿ (wyn) is used alongside *w*, it is so printed; but if it is consistently used throughout the manuscript, *w* is used for it.

Mr. N. R. Ker has consented to undertake the general supervision of the palaeographical features of the several manuscripts and has contributed various details to the special descriptions of them.

Members of the Council of the Early English Text Society have seen the volumes in the proof stage and have made contributions towards their revision.

INTRODUCTION

THE first ninety-eight leaves of Gonville and Caius College MS. 234/120 contain the *Ancrene Riwle* (pp. 1–185) and Latin extracts from *Vitas Patrum* (pp. 185–96). They are followed by eighty-six leaves (pp. 197–368) in a more current and probably rather later hand. The contents of pp. 197–368, described briefly in the catalogue by Dr. M. R. James, are of the kind which would be useful to the parish priest. The marks of exposure on p. 197 show that this part of the manuscript once formed a separate volume.

DESCRIPTION OF PAGES 1–196. Ninety-eight leaves of parchment. Collation: eight quires, normally of twelve leaves each (2^{16}, 5^{14}, 7^{8}). $5\frac{1}{4} \times 3\frac{3}{4}$ inches. Written space $4 \times 2\frac{3}{4}$ inches. Long lines, varying in number from 17 (pp. 76, 77) to 24 (pp. 6, 7) and on pp. 186–96 from 23 to 27: the usual number is 19 or 20 to a page. On each page the first line of writing is below the first ruled line. Spaces left for coloured initial letters have not been filled. The Latin text on pp. 185–96 is rubricated, but the only rubrics in the *Ancrene Riwle* are on pp. 1 and 136.

The whole ninety-eight leaves, Latin as well as English, are in one small and close, pointed hand, datable probably in the second half of the thirteenth century or possibly a little earlier. The script is essentially book-hand, but book-hand with cursive tendencies, having letters without feet, round-backed *d*, long-tailed *r*, and ascenders which are slightly split at the top. The Latin on pp. 185–96 looks more current than the rest owing to the use, commonly, of the looped *d* and of ascenders with loops.[1] These letter-forms occur also not infrequently in Latin quotations embedded in an English context, e.g. MS. p. 4, lines 2, 3; MS. p. 70, lines 1, 2, but only very rarely in the English of the *Ancrene Riwle*. They suggest, perhaps, that the scribe felt more at ease in writing Latin than English. In the manuscript the graph *tt* is seldom used, *ct* being written in its place, commonly in English words (*sicten, tictes, dectes, wictes*) and also in Latin (p. 3, line 3, *dimicte*). *ct* is also written on three occasions for *cc*. These eccentric spellings have been normalized in the printed

[1] Cf. Charles Johnson and Hilary Jenkinson, *English Court Hand*, 1915, p. 11, nos. 4, 8, &c. (*d*), and p. 22, no. 9, &c. (*h*).

text, but the actual readings of the manuscript can be found from the table on p. xiii. *ct* does duty occasionally for *tt* in Latin manuscripts of English origin written in the thirteenth and fourteenth centuries, for example in Glasgow, Hunterian MS. U. 3.4 (*actendit, actollitur*, &c.), and in the margin of All Souls College MS. 33, f. 35 (*Scoctorum*). *n* and *u* are not distinguished as a rule. *c* and *t* are often indistinguishable after *e*. In other positions we can see usually that *t* has and *c* has not a projection to the left at the point where the vertical and horizontal strokes join. *p* is distinguished from *p* and *þ* by the direction of the bow. A slight change in the duct of the hand coincides with a change in the colour of the ink from a darker to a lighter shade of brown at MS. p. 115, line 9, and MS. p. 53, line 10.

The scribe had difficulty in dealing with the three special English letter-forms *þ*, *ð*, and *p*. *þ* is used consistently for initial and medial *th*, but it is the form of *þ* developed in the thirteenth century in which the vertical stroke does not rise higher than the vertical stroke of *p*. *þ* is therefore indistinguishable from *p* in this manuscript. Scribes are careful to avoid ambiguity of letter-forms, and the inevitable confusion of the new form of *þ* with *p* was avoided in general practice by abandoning *p* and writing *w* in its place.[1] It is not improbable that the scribe of the Caius manuscript was conscious of the difficulty and that he tried to avoid it. On the first leaves *w* and *v* are used for initial *p* and *w*, and *u* and *w* for medial *p*. They are not used to the exclusion of *p*, but they are common. Later, however, only *p* is used.[2] A possible reason for the variation at first and for the later disuse of *w* in favour of *p* may be understood from the Laud manuscript of *Havelok* and the Caligula manuscript of Laȝamon's *Brut*, both of which have a transitional form of *þ* which is sometimes made almost in the old way with a clear handle above the line, and sometimes in the new way with no handle at all. The latter form looks like *p*. If a scribe were copying a manuscript in which *þ* was made in these various forms, he would have to be linguistically competent in order to pick out the *p* when it occurred.

[1] Confusion was avoided also by writing *ð* instead of *þ* (MS. Brit. Mus., Arundel 292) and by putting a dot over the *p* (*Owl and Nightingale* in Cotton Caligula A. IX).
[2] *w* occurs twice in the latter half of the text (MS. pp. 123, 130).

INTRODUCTION xi

A scribe who did not know the language would be well advised not to attempt to distinguish between þ and p. Final *th* is expressed by *th* occasionally and by *t* often, but usually either by ð or by *d*. The use of ð is perhaps archaic, since by the second half of the thirteenth century the letter had generally been abandoned in favour of *th*, þ, or *t*. Certainly the scribe had no clear idea of the value of ð, confusing it frequently with *d*. Thus words like *feld* and *lauerd* are spelt with ð as often as with *d* and, on the other hand, there are long patches of text where *d* is used invariably in place of ð. The ð is made by attaching either a simple half-moon or a stroke like an open *s* to the rounded back of *d*. The first form is used at the beginning of the manuscript and the second at the end: both forms occur in the middle, e.g. MS. p. 113. In neither form does the attachment pass through the back of the *d*. The occasional use of ð where we should expect *de*[1] may be due to misunderstanding of a *de* ligature in the exemplar. An *e* attached to the head of *d* occurs, for example, in the Stowe manuscript of *Vices and Virtues* (Pal. Soc., 2nd Series, pl. 92), and is a common spacesaver in Latin manuscripts of the thirteenth century.

The form of *r* in the Caius manuscript is remarkable. In the thirteenth century the English scribes use two main forms of the letter, the short *r* with a 'foot' in the book-hand (*English Court Hand* no. 12)[2] and the long-tailed *r* when writing documents. The long-tailed *r* was difficult to make quickly, a defect which may account for its disuse on the Continent outside Spain soon after the beginning of the century.[3] In England it was retained throughout the later Middle Ages. Here the thirteenth century is a period of experiment, when the scribes were trying to find a satis-

[1] e.g. p. 49, line 17, *ofelð* (= on felde).
[2] References here and below are to Johnson and Jenkinson, *English Court Hand*, p. 41, where twenty-four examples are given of forms of *r* in English documents dated between 1100 and 1499.
[3] So far as I have been able to discover, the long-tailed *r* is to be seen in two only of the numerous plates of thirteenth-century documents of French origin in the great *Recueil de facsimilés à l'usage de l'École des Chartes* (Paris, 1880–7): in no. 118, a St. Denis document of *c.* 1225 and in no. 190 (A.D. 1294). The latter is from the Archives of the Basses-Pyrénées and was probably written under English or Spanish influence, like fourteenth-century documents from the same collection in which the long-tailed *r* is used (nos. 192, 198, 201, 203, 206).

factory way of making the letter in one stroke without raising the pen. At the beginning of the century the end of the descender of *r*, as of other tailed letters, often turns sharply to the left (no. 8). It was possible, therefore, to achieve a current form of *r* by continuing to write from the curving end of the descender upwards in a fine stroke *on the left side* until the position had been reached from which the shoulder diverges (no. 9). This form became awkward when, during the century, the leftward curve of the end of the descender was abandoned in favour of a plain vertical stroke. A new solution of the difficulty was then found by bringing the pen up sharply from the end of the descender *on the right* in order to make the shoulder. This form of *r* tends to be deeply cleft: it is the usual form in the fourteenth century, and later (nos. 17, 20, 21), and is found in the second half of the thirteenth century (no. 14) at the same time as the long-tailed *r* formed by two separate strokes (descender+shoulder).

It is necessary to explain the various methods of making the letter *r* in the thirteenth century in order to approach the curious form used in the Caius manuscript. The *r* here is essentially a short current *r* made in the way which is normal in Continental documents of the thirteenth century and rare in England: the vertical stroke descends only to the base-line, from which point the pen is taken up at a sharp angle to make the shoulder (no. 10). When the scribe had made this already complete form of the letter he raised his pen and changed the short vertical stroke into a descender by means of a sort of elongated comma. This added tail is sometimes in a straight line with the stroke above it and sometimes a little to the right. The colour of the ink shows that it is not the work of a later corrector, but that the scribe put it in as he went along.[1] If the whole method of writing and the orthography of the Caius manuscript were typically English the aberrant *r* could be explained, I think, as a 'sport' by an English scribe in a period of experiment and change. In the circumstances, however, there seems to be no difficulty about explaining it in the more natural way, as an adaptation of the Continental form to English usage by a scribe who had been trained

[1] The letter *s* (ſ) is occasionally decorated with a similar tail, but only, so far as I have noticed, in the combination *st* and towards the end of the manuscript.

INTRODUCTION   xiii

abroad. The hand has no specifically English features[1] and the orthography is remarkably corrupt.

The manuscript was bequeathed to the college in 1659 by William Moore. Moore entered Caius in 1606 and became junior fellow in 1615. He was for some years Greek and Hebrew lecturer and was librarian of the University from 1653 until his death. The only possible clue to the earlier history in the manuscript itself is on p. 76 where there is a scribbled memorandum that 'Thomas smythe hathe payd vnto John Dunke off þe sayd paryshe x li. xv s vj d'.

N. R. KER

[1] In particular the ascenders, though occasionally looped, do not show the typical development of floriated tops produced in English current writing in the second half of the thirteenth century.

NOTE

THE scribe uses *ct*, usually in the form that represents the ligature Frontispiece, ll. 1, 3), with the following values:

(i) for *ct* in Latin regularly.

(ii) for *ct* in English, *adreincte* 23/18.

(iii) for *tt* in Latin, *dimicte* 3/3, perhaps *actraxit* 61/21. Other words with *tt* are abbreviated.

(iv) for *tt* in English regularly, but *tt*, not *ct*, is the spelling (*a*) when the first *t* is divided from the second at a line-end, 3/12, 13/19, 36/19, 36/28, 41/25, 50/9, 85/17; (*b*) in the assimilations *vtturh* 21/13, *atte* 25/1; (*c*) in the miswritings *ilittnesse* 21/27, *smerttunge* 86/4; (*d*) in the words *patte* 4/11, *sitte* 10/13, *hetterliche* 10/20, *utterliche* 27/20, *patteres* 42/13. Elsewhere either *tt* is represented clearly by *ct*, or the spelling is doubtful, as it often is after *e*, e.g. *gettunge* or *gectunge* 50/22 (Frontispiece, l. 18).

(v) for *cht* in English, *stracte* 79/12.

(vi) for *cc* in Latin, *pectatis* 17/31, *octasionibus* 75/17.

(vii) for *cc* in English, *sucturs* 83/36.

CORRESPONDENCES BETWEEN MORTON'S *ANCREN RIWLE* AND THE PRESENT EDITION

IN all the volumes of the *Ancrene Riwle* series the corresponding page numbers of the editio princeps of the work in the version of MS. Cotton Nero A XIV, viz. James Morton's *Ancren Riwle* published by the Camden Society in 1853, are given in the margin. On the completion of the series it is proposed to give a comprehensive account of the history of the text; meanwhile this *ad interim* recognition of Morton's pioneer work is put on record—an achievement to be associated by its importance and by its date with Madden's edition of Laʒamon's *Brut* in 1847.

Since the matter of the treatise has been considerably modified and rearranged by the compiler of the Caius MS., a table of correspondences with Morton's edition is appended here.

PAGES OF THE PRESENT EDITION	PAGES OF MORTON'S TEXT
1–3	120–6
3–6	144–50
6–19	298–328
19–20	324–6
20–42	328–78
43–47	392–400
47–50	98–104
50–54	164–74
54–87	196–296

It should be noted that the Caius version does not always incorporate all the matter of the corresponding page of Morton's edition.

ANCRENE RIWLE
Gonville and Caius College, Cambridge, MS. 234/120

(M. 120)   Contra Iram.

O her ageynes wartþe monie. remedies. frowern a   Against wrath,
muchel floch. and mistliche boten. gif me mis sayd   think of the patience of
(M. 122) þe:' þench þat þu art eorðe. Ne tretme on eorðe. Ne bi Christ and the Saints
5 spit me eor-de. þach me dude spa bi þe:' ne dude me
eorðe richte:' gef þu berkest agein þu art hundes cun‍
dẹnes. gif þu stingest agein pið attri bor'des:' þu art
neddre cundel 7 nout cristes spu'se. þench dude he spa:'
Qui tanquam ouis ad occisionem ductus est 7 non aperuit
10 os suum. Efter alle þe shent fule pinen þat he þole'de
oþe longe fridnicht me ladde him in erne maregen to
hongen o waritreo. and driuen þurch ut his fouer limen
irnene nailes. ach na mare þen ashep as þe hali writ saið
cpich ne cpeð he neauere.
15 ench geth an oder half. hpet is pord bute pind. topach The windy puff of a word
he is in stren⟨c⟩þe þat ha vindes puf. a word may afallen
and war'pen into sunne:' And hpa nule þunchen wunder
of a mon pind falled:' An oþer half geten. Ne shauet he
p. 2 þat he is dust | 7 un stable þing. þat pit alutel vord of
20 pind is anon to blauen. þe ilke puf is of is muð gif þu
hit purpe under þe hit shulde bere þe uppard topard þe
blisse of heuene. Ach nu is muchel punder of ure muchele
mad-chipe. Vnder stondet þis pord. Seint andrey machte
þolien þat þe harde rode heue him topard heuene. 7
25 luueliche bi cluppede hire. Seint lorens alspa þolede þat
þe gredil heue him to heuene pind berninde gleden.
Seinte steuene þat þe stanes þat me stene-de him vid
7 underueg ham gladliche 7 bed for ham þat ham senden
him vid hom'men ifalden. And pe ne magen nout þoli'en
30 þat þe pind of a pord beore us topard heuene. Ach both
pode ageines ham. þe pe shulden þonken as þe ilke þe

---

1 Contra Iram. *written at end of first line after* monie, *and underlined.*   2 *Space left for two-line initial.*   15 *Space left for two-line initial.*   16 stren⟨c⟩þe: c *interlined.*   17 wunder: r *touched up.*   22 Nota *in outer margin.*   26 pind *sic, for* pid.   28 underueg *altered from* underueye.

serued us of muchel seruise.' þach hit beo unþonkes
Impius viuit pio velit nolit. Al þat þe un¹wreste doth
7 and te uuele to uuel.' al is þe gode to god. al is his bi (M. 124)
heue and timbrun¹|ge to blisse. let him and þat gladliche p. 3
brey-den þe crune. þench hu þe hali mon In Vitas 5
patrum. custe 7 blescede þe oþeres hond þat hauede him
hi harmed. 7 seide se inpardliche cussinde hire gerne.
Iblesced beo eauer þos hond. for ha haued ytimbrid me
þeo blissen of heuene. 7 and þu segge al spa bi hond þat
mis seid þe. 7 bi þe muth al spa þat hapet mis seid þe. 10
Iblesced bo þi mud sey. for þu makest lome þerof to
timbri mi cru-ne. pel is me for mi god. 7 wa þach for
þin huuel. for þu dest me freme 7 hermest þi seluen.
Gef ani mon oþer pummon mis seiðe oþer mis dude op
mine leoue sustren.' spa ge sulden seggen. Ach nu is 15
muchel punder gif pe pel bi holdeth hu godes halehen
þoleden punden on hare bodi. 7 pe beoð pode. gif a vind
bloued a lutel topard us. 7 þe pind ne punded bute þe
eir ane. for noþer ne may þat pind þat is þat pord þat
me sayd.' ne ne wundet þi flechs. ne fuled þi saple. | þach 20 p. 4
hit puffe uppen þe.' bute þi seolf hit ma-kie. Bernardus.
Quid irritaris quid inflamma-ris ad uerbi flatum. qui nec
carnem uulnerat nec inquinat mentem.' pel þu macht
under¹geten þat þer nes lutel fur of charite þe Leited al
of hures louerdes luue. lutel fur pes þer þerof.' þat apuf 25
a queinte. for þer ase muchel fur is.' hit paxeð pid pinde.

Remember geyn mis dede oþer mis sahe lo her on onden þe beste
what God has remedie. and cunned þis a sample.
forgiven you

mon þat leie iprisun 7 achte muchel rancun¹ne onane
pise ne shulde he ut buten hit pere te heongen er he hefde 30
his rancun ful-liche ipaied. nalde he cunnen god þonc
amon þe duste upon him a bigurdel of poneges forto
reimin him pið 7 lesen of pine.' þach he purpe hit ful
harde ageynes his her-te. al þe hurt pere forgeten for þe

---

8 me: e *badly formed and repeated above*.   21 [b]ernardus *in
outer margin; missing letter cropped*.   26 pid: id *altered from*
in (?).   27 *Space left for initial*.   29 *Space left for two-line
initial*.

(M. 126) gladn-nesse. O þis ilke pise þe beod alle iprisun her 7
ahen god greate dettes of sunne. forþi þe geyet to him
p. 5 iþe pater noster. Et dimitte nobis | debita nostra.
Lauerd þe segge⟨d⟩ forgef us ure dettes alspa as þe for‡
5 geuet to ure desturs. poch þoch þat me ded us of pord
oþer of perc.' þat is ure rancun. þat þe sulen reimin us
pið and cpiten ure dettes topard ure louerd þat beod ure
sunnen. forpid uten quitance up of ⟨þis⟩ prisun nis non
inomen. þat nis anon ahongen. oþer ipurgatorie oþer
10 iþe pine of helle. And ure lauerd seolf seið. Dimitte 7
dimittetur uobis. forgef.' 7 ich forgeue þe. as þach he
seide. þu art andet-ted touard me.' spiþe pid sunne. ah
pultu god forupard. Al þat eauer animon mis seið þe
oþer misdeð þe.' ich ule neomen onpard þe dette. þat þu
15 agest me. Nu þen þach a pord culle þe ful harde uppon
þe breoste.' and ase þe þunched on earest hurte þin
horte.' þench as þe prisun palde. þat þe oþer hurte sare
pid þe bigurdel. 7 under ueng hit gletli-che forto aquite
þe. 7 þonke him þat hit sende þe. þach god ne cunne
20 him neauer þonc of is sonde. He hermet him and fremet |
p. 6 þe.' gif þu hit const þolien. for as dauid seið spiþe pel
pid alle. God deð in is tresor þe unpreste 7 te uuele forte
huren pid ham as me deð pid gersum þeo þat pel fechteth.
Ponens in the¹sauris abyssos. Glosa. Crudeles quibus
25 donat milites suos.

(M. 144)   Ahte þinges nomeliche leaðieð us to paki-en eauer i   Eight reasons
sum god. 7 beon purchinde. þis shorte lif. þis st⟨r⟩onge   for watchful-
pei. vre god þat is so þun-ne. Vre sunnen þat beod se   ness
monie. Det þat þe beod sike of. 7 unsiker hpenne. þe
30 starke dom o domes day and se narop mid alle. þat euch
idel pord bid þer ibrocht forð. 7 idele þohtes. þat neren
ear ybette. Loke nu þenne phet beo of unpreste villes.
7 sunfule perkes. Dominus in Euuangelio. De omni
uerbo ocioso 7 cetera. Item Capilli de capite uestro non

---

4 segge⟨d⟩: d *interlined over an erased* l.   8 þis *in outer
margin: caret between* of *and* prisun.   26 *Space left for
two-line initial.*   27 st⟨r⟩onge: r *interlined with caret.*   30 *A
letter, or perhaps two or three, erased before* euch.

peribunt. id est. cogitacio non e-uadet in punita. Ansel﹦
mus. Quid faciemus in illa die quando exigetur a nobis
omne tempus inpensum qualiter fue¹rit expensum usque
ad minimam cogitacionem. Get þe seste þing þat mune﹦
geð us te pakien. þat is þe sorhe of helle. þat bi halt 5
þreo þing. þe untale liche pinen. þe echnesse of uch an.
þe unimete bitternesse. þe eachtuþe þing | hu muchel is p. 7
þe mede iþe blisse of heuene porld buten ende. hpase
paked her uel ane hond phile Hpase haued þeos eahte
þing ofte in his herte.· he pule pakien of his slep of uuel 10
slauþe iþe stille nicht. hpen mene sið napicht þat patte
þe bone. þe heorte is ofte se shir for na þing nis pitt-nesse
of god þat me þenne deð.· bute godes en-gel. þat is ispuch (M. 146)
time bisiliche abuten to eg-gen us to gode. for þer nis
Good works napt for loren. as is bi day ofte. Herknent mine leue 15
should be done frend hu hit is uuel to uppen. ⁊ hu god hit is to heolen
in secret
goddede. ⁊ flen binicht as nicht fuhel. ⁊ ge¹derin bi
þeostri. þat is ipriuite ⁊ darnlich spau-le fode.
A fig-tree dies ⟨v⟩re lauerd loher meaned him spiðe of þe þat forleset (M. 148)
if men strip its
 bark ⁊ spilled al hare god þurch pilnunge of here pord. ⁊ seid 20
þe⟨o⟩se pordes. Decorticauit ficum meam nudans spoli﹦
auit eam ⁊ proiecit. albi facti sunt rami eius. Allas seit
ure lauerd þeos þat shaped hare god ha hauet bi piled
mi figer irend al þe rinde of despoled hire stert naked
⁊ iparpen apay. ⁊ þe grene bohes beoð for druged ⁊ for﹦ 25
purþen. ⁊ te hpite drue rondes. þis pord is dosc. ah
nemeð geme hu ich hit | pule briþten. figer is acunnes p. 8 (M. 150)
treo þat beret spe-te frut. þat me cleped figes. þenne is
þe figer bi-piled ⁊ þe rinde irent of.· hpen goddede is
so does a good iupped. þenne is þet lif ute. þenne adedet þe rote treo.· 30
deed perish if it
is proclaimed hpen þe rinde is apei. ne nouþer. ne beret hit na frut
ne hit ne grenet þerefter ilufsume leues. Ah druhiegh þe
bohes ⁊ purþet phite rondes te naþing betere þene to
fures fode. þe boh hpen hit adedeð.· hit hpited and adru-
ed in pind ⁊ parped is rinde. Alspa goddede þe pule 35

19 *Space left for two-line initial: guide-letter* v *in inner margin.*
21 þe⟨o⟩se: o *interlined with caret.* 24 figer: e *obscured by tail
of* þ *and repeated above.*

adeden forparped his rinde þat is unhu-led him. þe rinde
þat prid hit is þe treoes strencðe and pit hit icpicnesse.
Alspa þe hu-lunge is þe goddedes lif 7 halt hit in strenc-
ðe. Ah pen þis rinde is offe. þenne is þe boch ded.
5 hpited hit utepid þurch porldlich herepord. 7 adruheð
inpið 7 leosed þe petnesses of go-des grace. þe maked
hit grene 7 licpurþe god to bihalden. for gre⟨ne⟩ of alle
þinges freoluret mest þe ehnen. Hpen hit is spa idru-hed
þenne nis hit te napt seo god as te þe fur of helle. forþe
p. 9 10 eareste bi pilunge | hperof al þis uuel is. nis bute of
prude. And nis þis muchel reuþe. þat þe figer þat shulde
pid hire spete frut þat is goddede fede god gastliche þe
lauerd of heuene. shal adruen rind⟨e⟩les þurh þat is
unhuled 7 purþed buten ende hellefures fode. And nis
15 he to unseli þe pid þe purð of heuene buð him helle.
A sapere þe ne bered buten sape 7 nelden geihet hehe
þat he bered. A riche mercer geð ford stille. Herknet
hpat itidde of ezechie þe gode king. for þi þat he shaude
þe celles of his aromaz his muche-le tresor. his de⟨o⟩re≠
20 purðe þingis. Nis hit napt for napt ipriten iþe haly
gospelle of þe þreo kinges þe comen to offri iesu crist
þe deore þreo lakes. Procidentes adorauerunt eum. 7
apertis thesauris 7 cetera. þet tet ha paldin offrin him
ha heolden eper ihud aþat a comen biuoren him. þa erest
25 ha unduden þe present þat ha beren. Vre lauerd iþe
godspelle seolf euenid his riche to goldhord. þe hpase hit
fint ase he seið hu-deð. Quem qui inuenit homo ab≠
scondit. Goldhord is goddede þat is to heouene ieuened
p. 10 for me | hit buð þer pið. And þis goldhord buten hit beo
30 þe betere ihud 7 iholen. hit is forloren sone for as seint He who carries
gregorie seid. Depredari desiderat. qui the-saurum pu≠   a treasure
blice in uia portat. þe bered tresor open-liche ipei þat is   conceals it
a ful of reauares 7 of þeoues. him luste losen hit. 7 beon

3 goddedes: g *altered from* d.   6 petnesses: *third* s *partially
erased*.   7 gre⟨ne⟩: ne *interlined with caret*.   13 rind⟨e⟩les:
first e *interlined*.   þat: t *badly formed and repeated above*.
14 ende: *second* e *badly formed and repeated above*.   19 de⟨o⟩re-
purðe: o *interlined*.   20 haly: y *altered from* o, *expuncted, and*
y *interlined*.

6 ANCRENE RIWLE

irobed. þis porld nis buten a pei to heouene oþer to helle.
7 is a biset of hellene mucheres. þe robet alle þe gold＊
hordes þat ha mahen underpeten þat mon oþer pummon (M. 152)
iþis pei opened. for ase muchel is purd ase hpa-se seide.
7 geiede as he eode. Ich beore goldhord loyr hit her red 5
golð. 7 deorepurþe stanes. forþi mine leoue frend binich
ase nichtfuhel: beod georne sturiinde. Niht ich clepe
priuete. þis nicht ge mahen habben euch time of þe day.
Do good in þat al þat god þat ge eauer dod beo idon as binicht. 7 bi
private, as the þeosternesse ut of monnes ehe. ut of mon-nes eare. þus 10
night raven
flies by night inicht beod fleuuinde 7 sechinde opere saple heoueliche
fode. þenne ne beo ne napt ana pellicanus solitudinis
ach beod ec nic¹ticorax in domicilio. | p. 11
The efficacy of ⟨t⟩pa þinges nimeð geme of shrift iþe begin-nunge. þe (M. 298)
Confession erre of hpuch mihte hit beo þe oþer hpuch hit shule beon. 15
þis beod nu ase tpa limen. 7 eiþer is to dealed. þet arre
o sixe: þet oþer o sixtene stucchenes. Nu is þis of þe
arre.

⟨s⟩hrift haued monie mihtes. ah nulle ich of alle seggen
buten sixe. þreo agein þe deouel. 7 þreo on us seoluen. 20
Shrist shent þene deouel. Hacked of his heaued. And
to¹dreauid his ferde. Shrist peasched us of alle ure fulþen.
gelt us alle ure luren. Maked us godes children. Eyþer
haued his þreo. Proue nu pe alle. þe eareste þreo beod
al ishauede in Iudithe deden. Iudith þat is shrift as pes 25
Confession gare iseid. Sloh oloferne þat is þe feond of helle. Ha
overcomes sin,
as Judith slew hackede of his heued. 7 seodden com 7 shauede hit to
Holofernes, and þe burch prestes. þenne is þe deouel isend: hpen me
Judah con-
quered Canaan shaped ishrift alle hise cpedshipes. Compuncte con＊
scienci. Vnde In cubiculo abscidit capud eius. His hea ¹| 30
ued is hi hached of. 7 he islein i þemo: seone se he is p. 12
eauer richt sari for his sunnen. 7 haued shrift on herte.
Ah he nis napt þe get ishent hpil his heaued is ihuled.
Iudith una mulier ebrea fecit confusionem in domo regis
nabugo-donosor. As dude on hest Iudith. er hit beo 35

13 Nota De confessione. *at the foot of p. 10.* 14 *Space left for two-line initial; guide-letter* t *in inner margin.* 19 *Space left for initial; guide-letter* s *in inner margin.* 21, 22 shrist *sic, for* shrift.

MS. CAIUS 234/120

i-shaped. þat is er þe muð ishrit do ut þe hea-ucd sunne.
(M. 300) Naut þe sunne ane.' ah al þe biginunge þar of. 7 þe
forridles þat brochten in þe sunne. þat is þe deoules
heaued. þat me sal to treoden anan as ich ear seide.
5 þen-ne flið is ferde anam as dude olofernes. his piheles
7 his prenches þet he us pid asailed. dod ham alle
ifluchte. 7 þe burch is arud. þat ha heueden biset. þat
is to seggen.' þe sunful is deliured. Iudas machaben hpa
stond agein him? Al spa iiudicum. þet floc þa hit
10 es-kede efter Iosues deth hpa sulde beon heore dug 7
leden ham iferde. Quis erit dux noster? Isto Iudicio
p. 13 Iudas ascendet 7 cetera. Vre lauerd | onsperede. Iudas
shal gon bi foren hop. 7 ich ulle oper faes lond biteachen
in his honden. Lokied nu ful georne hpet þis beo to sug-
15 gen. Iosue speled heale. 7 Iudas shrift. as Iudith. þenne
is Iosue dead.' hpenne saple hea-le is forloren þurh ani
deadliche sunne. þe-sunfule seolf is.' þe unpihtes lond.
þe is ure deaðliche fa. Ah þis lond ure lauerd bihat þe
biteachen in Iudas hond for hpon þat he ga biforen.
20 Shrif leo is gunfainun-urer 7 beret þe banere bi foren
al godes fer-de. þat bed gode þeaues. Shrift⟨t⟩reaued þe
feond his hond. þat is þe sunfule mon. 7 al to driued
chanaan þe feondes ferde of-helle. Iudas hit dude licham
liche. 7 shrift þat he bitacned deð gastliche þat ilke.
25 þis beod nu þreo þing. þat shriţft ded oþe deo-ule. þe
oðre þreo þing þat hit ded us seol-uen beod her efter.
Glosa super confitebimur.
p. 14 ⟨s⟩hrift pesched us of alle ure fulþen. for | spa hit is Confession
ipriten. Omnia in confessione lauantur. And þis pes cleanses us, and
30 bitacned þa iudith peosh hire 7 dispoilide hire of pidepene state,
shrud. þat pes merke of seorhe. And sorhe nis bute of
(M. 302) sun-ne. Lauit corpus suum 7 exuit se uestimentis vidui-
tatis. Shrift eft al þat god þat pe hefden forloren þurch
heaued sunne.' brin-git hit al agein. 7 gelt al togederes.

1 ishrit *sic, for* ishrift.   5 anam: *a stroke through the last
minim of the* m *and an erased letter before the following* as.   21
Shrift⟨t⟩reaued: t *interlined.*   28 *Space left for initial; guide-
letter* s *in inner margin.*

8 ANCRENE RIWLE

Ioel. Reddam uobis annos quos commedit locusta. bru­
cus. rubigo 7 erugo. þis pes bitacned þurh þat Iudith.
shrudde hire mid halidagne veden. 7 feahede hire utepið
ase Schrift ded us in pið. pið alle þe feayre urnemenz
þe blis-se bitacneð. And hure lauerð seit þurch za- 5
carie. Erant sicut fuerant antequam proieceram eos.
þat is. Schrift shal makien þe mon alspuch as he pes
biuoren þat he sunege-de. Ase cleane 7 ase feair. 7 ase
riche of alle goð.' þat limpeð te saple. þe þridde þing
is. þat schrift deð to us soluen. þe frut of þeos oðre tpa. 10

and makes us 7 endeð ham baþe. | þat is makied ham godes children. p. 15
children of God þis is bitac-ned þar bi. þat Iudas in genesy bipon of
iacob beniamin. Beniamin seid ase muchel ase sune of
richhond. Iudas þat is Schrift alspa as is Iudith. for ba
ha speled han on ebreishe leo-dene. þe gastliche iudas 15
biget of iacob his fa-der. þat is of ure leauerd te beon
his richt-hondes sune. 7 bruken buten ende.' þe heri-tage
of heuene. Nu pe habbed isein of hpuc-michte schrift is
hpucche efficace hit haued. 7 inemned sixe. Loke pe nu
gernliche hpuch schrift shule beon.' þe beo of spuch 20
strengðe. 7 forto shapen hit þe bet deale pe nu þis lim
o sixtene stucchenes.

⟨s⟩chrift shal beon preiful. Bitter mid seor-he. Ihal.
Naked. ofte imaked. Hihful. Eadmod. Shemeful. Dred­
ful. 7 hopeful. Þis. soð. And pillis. Ahne. 7 studefast 25
Biþoht biuore longe. Herbed nu as þah hit peren sixtene
stuchenes. þe beod iueid to schrift. An pe of uchan sum
þord pule seggen. | p. 16

In confession chrift shal beon preiful. Mon shal prein him ischrif. (M. 304)
we must accuse
ourselves napt perien him ne seggen. Ich hit dude þurch oðre Ich 30
pes ined þerto. þe fend hit makedeme te don. þus Eue
7 adam pereden ham. Adam þurch eue. 7 eue þurch þe
neddre. þe feond nemai neden namon te-sunegin. þach
he eggi þerto. Ach fulpel he let of hpen ei seið þat he

---

15 han *sic, for* an.   23 *Space left for two-line initial; guide-
letter* s *in inner margin.*   Nota bonum. *in outer margin, probably
in a different but contemporary hand.*   29 *Space left for two-
line initial.*

makede him te sunegin. as þach he hefde strencðe. þe
naued nan mid-alle buten of us soluen. Ach me ah to
seggen. Minahne unprestlich hit dude. 7 pilles 7 paldes.
ich beh to þe deouel. gif þu pitest ei þing þi sunne bite
5 þe seoluen: þu ne shriuest þe naut gif þu seist þat þin
unstrechþe ne mahte naut elles. þu prenchest þi sunne
o god þat make-de þe spuch. þat þu bi þintale pid
stonden ne machtest. preie pe us seoluen. for lo hpet
se-int paul seið. Si nos ipsos diiudicaremus: non utique
10 Iudicaremur. þat is. gif pe preieð þel her 7 demed pel lest we be
p. 17 us seoluen: pe shulen beon cpite | of preinge ed þe the Last
muchele dome. þer as seint Anselme seið þeose dredfule Judgement,
pordes. Hinc erunt peccata accusancia. Illinc terrens
iusticia. supra iratus Iudex. subtra patens horridum
15 chaos inferni. Intus urens consciencia. foris ardens
mundus. peccator sic deprehensus in quam partem se
premet. O þen an half adomes dai shu-len ure sparte
sunnen strongliche biclepien us of ure saple murþre. O
þer oþerhalf stont richpisnesse þe nan repþe is pid. dred⸗
20 ful 7 gris-lich. 7 grure ful to bi holden. Buuen us þe orre
deme. for ase softe as he is her: ase hard he bid þer.
Ase milde ase he is nu: ase sturne þenne. Lomb her:
leon þar. As þe prophete pitned. Leo rugiet quis non
timebit: þe liun shal þer gre'den he seið. hpa ne mai
25 beon ofered: Her pe clepied him lomb ase ofte as pe
singeð. Agnus dei qui tollis peccata. Nu as ich seide.
shule pe seon buuen us þene ilke eorre deme. þat is ec
pit-nesse. 7 þat alle ure gultes. Bineþen us. geo'niinde
p. 18 þe pide þreote of helle. Inpid us seoluen | ure ahne con⸗
(M. 306) sciencie. þat is ure inpit. fortuliinde hire seoluen ⟨. . d
31 þe fur . f sunne⟩. piduten us al þe porld leitinde on spart
lei up into þe skues. þe sari sunful þus bi set hu sal him
stonden þenne: To hpuch of þe⟨o⟩s fopre may he him
biuenden. Nis þer buten hi heren þe harde pord. þat
grisliche pord. grureful ouer alle. Ite maledicti in ignem

4 bite *sic, for* bute. 30 . . d þe fur . f sunne *in outer*
margin. Missing letters due to cropping. 32 þe⟨o⟩s: o *inter-*
lined with caret.

and suffer the eternum quod paratum est diabolo 7 angelis eius. Gað
doom of the
lost þe apariede ut of min ehsihþe in to þe eche fur þat pes
igreiþeð to þe fend 7 to is engles. ge forbuhen mine
dom þat ich demde mon to. þat pes to libben ispinc 7
isar on orþe. And ge shulen nu forþi habben deo-ules 5
dom. bernen pid him echeliche iþe fur of helle. pid þis
shulen þeforlorene parpen a shuch gur./ þat heuene 7
eorðe mahen bo grimliche agrisen. for þi seint austin us
leofli-che lered. Ascendat homo tribunal mentis sue. si
illud cogitat quod oportet eum exhiberi ante tribunal 10
christi./ Assit accusatrix./ cogitacio. testis consciencia.
Carnfex timor. þat is þench mon o domesdei. 7 deme
her him seoluen þus o þis pise. Skile sitte as | deme p. 19
oppen þe dom seotel. Cume þer after ford his þonc
þohtes munegunge. preie him 7 bi clepie him of misliche 15
sunnen. Belami þus þu dudest þer. 7 þis þer. 7 þis þer.
7 oþisse pise. His inpid beo icnapen þerof 7 bere pitt⟨e⟩⸗
nisse þerof. Soð hit is soð hit is. þis 7 muchele mare.
Cume pord þerrafter ferlac. þurh þe deme heste þat
hetterliche hate. Tac bind him veste por he is dedes 20
purþe. Bind him spa uch lim þat he haued pid isuneged./
þat he ne mage pid ham sunegin na mare. ferlac haued
ibun-den him hpon he ne dar for ferlac sturien top-ard
sunne. Get nis naut þe deme þat is skile ipaied þah he
beo ibunden. 7 halde him pid sunne./ bute gif he abugge 25
þe sunne þat he prachte. 7 cleped ford pine 7 seorhe 7
hat þat seorhe þershe inpid þe heorte pid sar bireousunge.
spa þat hire suhie 7 pine þat flech utepid mid festen 7 (M. 308)
mid oþer flecshlice sares. hpase iþis pise biuoren þe
Accuse thyself, muchele dom. demed her him seoluen./ eadi he is 7 seli. 30
and God will
excuse thee for | as þe prophete seið. Non Iudicabit deus bis in id p. 20
ipsum. Nule napt ure lauerd þat amon por a þing beo
tpien idemed. Hit nis naut igodes curt as hit is iþe shire.
as þe þe nichet pel mei beon iborhen. 7 þe ful þat is

7 shuch *sic, for* spuch.   8 Nota *in outer margin*.   17
pitt⟨e⟩nisse: *first* e *interlined*.   27 þat: at *smudged and repeated*
above.

⟨i⟩cnapen." biuoren god is oþe⟨r⟩ueis. Si tu ac-cusas." deus excusat. 7 uice uersa. gif þu preiest þe her." god pulle perie þe þer. 7 skeren mid alle at tenarue dome. for hpon þat þu deme þe as ich itacht habbe.

5 hrift schal beon bitter. Agein þat þe sunne þuchte sumchere spete. In Iudith þat speled shrift as ich ofte habbe iseið pes mararichtes dochter. And Iudas þat is eke schrift piuede ot⟨h⟩amar. Me-rarith 7 thamar." beo ha spelied bitternesse on ebreisse leodene. Neomed nu
10 georne geme of þe bitacnunge. ich hit sugge scortliche. Bitter sar 7 shrift." þet an mot cumen of þen oþer. As Iudith dude of merarith. 7 ba beon somed iueied. As Iudas 7 thamar. for no⟨u⟩þer pid uten oþer nis noht purd oþer lutel. Phares 7 Zaram netemed ha neauer. |

Confession must be with grief;

p. 21 15 foper þinges gif mon þenchet þat heaued sunne dude him." mahen mak⟨i⟩en him to seorhin 7 bitteren his heorte. Lo þis þe forme. Gif amon hefde ilosed in atime of þe dai his fader 7 his mode⟨r⟩. his sustren 7 his breþren. 7 al his cun." 7 alle his frend þat he eauer
20 heauede. peren istorpen ferlich. nalde he ouer alle men seorhful beon 7 sari." as he eaþe mach-te. God hit pot he mai beon unliche seorhfulre þat haued pid dedliche sunne gastiliche islein god inpid his saple. napt ane for⸗ loren þe spete fader of he-uene. 7 seinte marie his
25 deorepurþe moder. oþer hali chirche hpen he of hire neaued mare ne lasse. 7 þe engles of heouene. 7 alle
(M. 310) hali halegen. þe peren him por breþren. for freond. 7 for sustren. asto him ha beoð alle deade. As onont him is." he haued islein ham alle. And haued þer ha liuied
30 aa." leadþę of ham alle. As Ieremie pitned. Omnes amici eius spreuerunt eam. 7 facti sunt ei inimici. þat is. Alle þat him luueden geied spi on him. 7 hatied him alle.

for our sin has slain God in our souls

p. 22 get mare. his | children. sone se he suneget deadliche."

1 ⟨i⟩cnapen: i *interlined with caret*. oþe⟨r⟩ueis: r *interlined with caret*. 5 *Space left for two-line initial*. 8 ot⟨h⟩amar: h *interlined with caret*. 13 no⟨u⟩þer: u *interlined with caret*. 15 Nota iiij.or *at top right-hand corner of p. 21*. 16 mak⟨i⟩en: i *interlined with caret*. 17 primum. *in outer margin*. 18 mode⟨r⟩: r *interlined over what appears to be* r *altered from* s.

12 ANCRENE RIWLE

deiden alle clane. þat beod his gode perkes. þe beoð
forloren alle. get upen alle þis ilke. he is him seolf
biprixled ⁊ bikimed of godes child deoueles bern of helle.
ea-telich te seonne. as god seolf iþe godspel seið. Vos
ex patre diabolo estis. þenche uch of þis stat. þat he is 5
oþer he pas inne.' ⁊ he mai iseon hper-uore he ah to siken
sare. for þi seid Ieremie. Luctum vnigenitum fac tibi
planctum amarum. Make bitere man as pif ded for hire
child þe naued buten him ane. ⁊ sið hit biuoren hire
ferliche ⟨a⟩ster¹pen.   10

What would a man feel who was condemned for murder? v þe oþer þat ich bihet. Amon þat pere idemed for a luder murdre to beon for brend al cpic oþer schemeliche ahonget. hu palde his heorte stonden.' Me þu unseli
sunful þa þu þurch dead-lich sunne murdredest godes
spuse. þat is þi sap-le. þa þu pere idemed forte beon an 15
hongen o-berninde paritre iþe eche lei of helle. þer þu-
machedest forepard mid þe deouel of þi ded. ⁊ seidest
in ysaie. pid þe forlorene. Pepigimus cum | morte feðus p. 23
⁊ cum inferno iniuimus pactum. þat is. pe habbeð
treouþe iplicht pid deð. forepard i-fastnend pid helle. 20
for þis is þe feondes chaffa-re. He geued þe sunne. ⁊ þu
him þi saple. ⁊ þi bodi to domide alto pene. ⁊ to
pondreðe porlð buten enðe.

Or one who had lost the whole world? v þe þridde schortliche. þench. Amon þat he¹uede al þe porld o palde. ⁊ hefde for his cpenshi-pe forloren al on 25
a stunde. hu he palde murnen ⁊ sari ipurþen? þenne
ahestu te beon undred-fold soriure. þat þurch an heued
sunne forlure þe riche of heuene. forlure ure lauerd. þat
is hunddred siþen. ge þusent þusent siþen betere þen
is al þe porld. eorðe ba ⁊ heuene. Que enim conuencio 30
christi ab belial.

Or one who had betrayed his king's son? v þet þe feorþe. gif þe king hefde bitacht his deore (M. 312) sune his a chincht to loken. ⁊ vnþe-de lad ford þis child
inhis parde spa þat þe child seolf peorrede uppen his
fader. Nalde þe kincht beon sari ⁊ shemien ful sare.' þe 35

10 ⟨a⟩sterpen: a *interlined.*   secundum *in outer margin.*   11
Space left for initial.   20 Nota *in outer margin.*   23 .iij. *in
outer margin.*   24 Space left for initial.   31 .iiij. *in outer margin.*
32 Space left for initial.

MS. CAIUS 234/120 13

beot alle godes sunes þe kinges of heuene þe haued |
p. 24 bitaht ure uch an engel iparde. Sari is he on his pise
hpen unþede let us forð. hpen pe ure gode fader peorþed
pid sunne. Beo pe sari þat pe eauer shulden predden
5 spuch fader. 7 spemen spuch pardein. þe pit 7 pernet
us eauer pid þe unsegene gast. for elles uuele us stode.
Ah pe shuleng⟨h⟩et him apei hpen pe dod deadliche fulþe.
7 heo leped þenne so sone se he us firset. Halde pe him
neh us pid smel of spote perkes. 7 us in his parde. pat
10 crist ure uchan to so gentil pardein bered to lutel menske.
7 cunnen him to lutel þonc of his seruise. þeos 7 monie
reisuns beoð hpi mon mei bitterliche sari for his sunnen.
7 pepen ful sare. And pel is þat spo mai. for pop is
saple hele. Vre lauerd deð topard us as me deð to uuel
15 dettur. nimed lesse þen pe hagen him. 7 is þah uel
ipaied. pe ahen him blod for blod. And ure blod þah
agein his blod þat he schedde for us. pere ful un euene
change. Ah pastu hu me gedded. Menimeð at uuele
det-tur aten for hpete. And ure lauerd nimed at us ure
p. 25 20 teares agein his blod 7 is pel cpeme | He peop oþe rode.
O Lazere. O Ierusalem for oþer monnes sunnen. gif pe
peped for ure ahne nis napt muchel punder. pepe pe cped
þe hali mon In vitas patrum. þa me hefde longe on him
igeied after sarmun. Leote pe þe teares cpeð he. leste
25 ure ahne teares for seoþen hus in helle.
(M. 314) chrift scha⟨l⟩ beon ihal. þat is. Iseid al to amon. ut Confession
of child hade. þe poure pidpe hpen ha pule hire hus must be com-
clansen. ha gedered al þe greste. on an hep on alre
earest 7 shuued hit þenne ut. þeref-ter kimed agein eft
30 7 heped heft to gederes þat pes ear ileued. 7 shuuet hit
ut efter. þerefter o þe smele dust gif hit dustet spiþe ha
flaskeð peter. 7 spoped ut efter al þat oþer. Alsha sal
þat schriued him. efter þe greate. shuuen ut þe smel-re.
gif dust of lichte þohtes pinded to spiþe up. flaski teares

7 shuleng⟨h⟩et: h *interlined with caret.* 14 Nota *in outer
margin.* 20 *Catchwords* he peop o þerode *at foot of p. 24.* 21
monnes: *only the last minim of the* m *now remains.* 22 nis:
the upper half of the s *now lost.* 26 *Space left for two-line initial.*
scha⟨l⟩: l *interlined with caret.* 32 Alsha *sic, for* Alspa.

on ham. ne shulen ha naut þenne ablenden þe heorte
ehnen. Hpase heled apiht he naued iseid napiht for hpon
he beo þe readre | As is ilich þe mon þe haued on him p. 26
monie death¹liche punden. 7 schapet þe leche alle. 7 let
healen buten on þat he deied uppon. as he shulde on 5
alle. He is as men in aschip þat haued feole þurles þer
þet pater þrest in. 7 ha duttet alle buten an. þurch þon
ha drunknet alle clane. Me telled of þe hali mon þat lei
Examples on his deð uuel. 7 pes loð to seggen a sunne of his chilð⸗
showing this hoð. 7 his abbod bed him allegate seggen. 7 he onspe- 10
rede. þat hit nes na neod. forþi þat he pes lu-tel chilð
þa he hit prachte. Alest þah unneþe þurh þe abbodes
ropunge.· þat he hit seiede. 7 deiede þer after sone.
Efter his deð com anicht 7 shauede him to is abbod
isnappite shrude. as þe þat pes iboregen. 7 seide þat 15
sikerliche gif he neauede þat ilke þing þat he dude in
childhad ischrift uterliche iseid.· he pere idemed bimong
þe forlorene. Alswa of an oðer þat pes fornech fordemed
for þi þat he hefde enchereined amon | to drinken. p. 27
7 deiede þerrof un schriuen. Al spa of þelauedi. for þi 20
þat ha heuede ileaned to a pake an of hire peden. Ah
hpa se haued georne i-socht alle þe hurnen of his herte. (M. 316)
7 ne con rungi mare ut. gif þer apicht at luteð.· hit is
ich hopie iþe schrift i sohouen ut mid þat oþer hpen þer
ne lið na gemeles. 7 he palde fain mare gif he cuþe seg⸗ 25
gen. Augustinus. Si consciencia desit.· pena satisfacit.
Confession (s)chrift get schal beon naked. þat is naked¹liche
must be plain imaked. Napt bi sampled. feire ne hendeliche ismaked.
Ah schule þe þordes beon ispaped after þe perkes. þat
is tacne of hea-tunge þat me tuke to pundre.· þing þat 30
me hated spiðe. þah to fule me mai seggen. Me ne þarf
naut nempnin þe fule dede bi his ⟨ahne⟩ fule nome. Ne
þe schendfule limes bi hare ahne nome. Inoch is to seg⸗
gen spa þat þe schrift fader piterliche understonde | hpet p. 28

19 hefde: h *smudged and repeated over* e *of* he.   22 isocht: o
altered from another letter.   23 ne: e *badly formed and repeated
above.*   27 *Space left for two-line initial; guide-letter* s *in inner
margin.*   29 ispaped *sic, for* ishaped.   32 his: MS. htis *with*
t *crossed out.*   ahne *in inner margin; caret between* his *and* fule.

MS. CAIUS 234/120   15

þu pule menen. gif þu heatest þi sunne hpi spekest þu
menskeliche þerof. hpu hudest þu his fulþe.' spec þat
schome schenðfulliche. 7 tuc hit alto pundre. alspa as
þu uult schen-den þene schuke. Sire ha seið þe pimmon
5 ich habbe ihaued leofmon. oðer ich babbe ibeon fol of
me seluen. þis naut naked schrift. Bi clu-te þu hit naut.
do apei þe totagges. Vnprich þe and sei. Sire godes are.
Ich am a ful stodma-re. A stinkinde hore. gef þi fa a ful
nome. 7 clepe þi sunne fule. Make þi sunne stortnaked.
10 þat is. Ne hel þu napicht of al þat lið þer abuten. Abuten The six circum-
sunne ligget six þinges þat hit huleð O latin circum- stances which
                                                       must be con-
stances. on englichs totagges.' mahen beon iclopede. fessed
Persone. Stude. Time. Ma-nere. Tale. Cause. Persone.'
þe dude þe sunne. oþer pið hpom me dude hit.' Vnpreo Person
15 7 segge. Sire ich am a pummon 7 schulde pid richte beon
p. 29 mare schemeful to habben ispeken as ich | spec. oþer
idon as ich dude. 7 for þi mi sunne is þe mare. þeo of
a pepmon for hit bicomed me purse. Ich am an ancre
(M. 318) anunne. a wif i¹ pedded. amaiden. a pummon þat me
20 leued muchel. a pummon þat habbe ear ibeon ibearnd.
pid schuc þing 7 ahte þe betere beon ipar-ned. Sire hit
pes pid schuc mon 7 nemnen þenne. Monec. prest. oþer
clerk. 7 of þe oþre. A peddedmon. Aladles þing. A
pummon as ich am. þis is nu of persone. Al spa of stude. Place
25 Sire þus ich spec. oþer pleide ichireche. Eode oringe
ichircpard. bihold hit. oþer prest-lingo. 7 oþer fol
gomenes. Spec þus oþer pleide biuoren porldlichemen.
biuoren re-ligiouse. In ancrehuse. Nech hali þing. Icuste
him þer. hondlede him ischuc stude. oþer me seolf.
30 Ichirche i þochte þus bi hold him at þe peouede. Of
þetime al spa. Sire ich pes of schuc elde. þat ich ahte Time
p. 30 pel to hab¹|ben pis luker ipiten me. Sire ich hit dude
ilen-ten. Infestedaghes. In hali daghes. hpen oþer
peren at chirche. Sire ich pes sone opercomen. 7 is þe
35 sunne mare þen ich pere ofcumen. 7 acast pid stronge

5 babbe *sic, for* habbe.   10 Nota *in outer margin.*   19 *One
minim erased before* a pummon.   25 *Two letters erased before*
pleide.   30 peouede: *third* e *badly formed and repeated above.*
34 at: t *altered from* d.

7 feole spenges. Sire ich pes þe biginnunge hpi spuch
þing hefde ford gong. þurch þat ich com ispuch stude.
7 ispuch time. Ich bi þohte me ful pel er þen ich hit
eauer dude. hu uuel hit pereidon. 7 dude hit noþelatere.
Manner þe manere al spa seggen. þat is þe feorþe to-tag. Sire 5
þis sunne idude þus. 7 oþisse pise. þus ich leornede hit
erest.' þus ich com erest þerhin. þus ich dude hit ford≠
pard. oþus feole pisen. þus fulliche. þus scheomeliche.
þus ich sohte delit. hu ich mest machte paien mi lustes
Number brune. 7 seggen al þe pise. Tale is þe fifte to-tag hu 10 (M. 320)
ofte hit is idon. tellen al. Sire ich hab-be þis þus ofte
idon. ipuned forte speke⟨n⟩ þus. Hercni spulli speche.
þenche spuche þochtes. forgemen þing. 7 feorgeten.
lahhen. eoten. | drinken. les oþer mareþene neod eskede. p. 31
Ich habbe þus ofte ibeon praðseoðþen ich pes ischri- 15
pennest. 7 for þulli þing. 7 þus longe hit laste. þus ofte
iseide les. þus ofte þis 7 þis. Ich habbe idon þis þus
Cause ofte to þus feole. 7 o þus feole pise. Cause is hpi þu hit
dudest. oþer hulpe þerto. oþer þurch hpet hit bigon.
Sire ich hit dude for delit. for uuel luue. forbigete. for 20
ferlac. for flateringe. Sire ich hit dude for uuel þach þer
ne comnon of. Sire mi lichte onspere. oþer mine lichte
lates tulden him earest upen me. Sire of þis pord com
oþer. of þis dede predþe 7 uuele pordes. Sire þe acheisun
is þis hpi þat uuel lested get. þus pach pes min heorte. 25
Euch efter þat he is segge hit totagges. mon as limped
to him.' pummon þat hire rined. for her nabbe ich nan
iseid bute for muneginge of mon oþer of pummon. of
þeo þat to ham falled. þurh þeo þat beot her to derfliche
iseide. þus os þeos six priheles | despoile þi sunne. 7 30 p. 32
make hit naked iþi schrift. As Ieremie Leareð. Effunde
sicut aquam cor tuum. Sched ut ase peater þin heorte.
Gef eoile sched of a vet.' get þer pule leauen in sumhpet.'

5 [M]odum. *in outer margin;* M *cropped.* 6 idude: e *badly
formed and repeated above.* 11 [Nume]ratio *in outer margin;*
Nume *cropped.* 12 speke⟨n⟩: n *interlined with caret.* 18 causa.
in outer margin. 21 hit: i *smudged and repeated above with caret.*
24 predþe: *second* e *badly formed and repeated above.* 26 totagges:
second t *altered from* g *and repeated above.* 30 os *sic, for* of.

of þe licur. Gef milc schet þe heop leaued. gif pin schet.'
þe smel leaued. ah pater get al momed ut. Al spa sched
þin heorte. þat is al þat uuel þat is iþin heorte. Gif þu
ne dest naut.' lo hu grurefulliche god seolf þreated þe
5 þurch naum þe prophete. Ecce ego ad te dicit dominus.
Ostendam gentibus nuditatem tuam. 7 reg-nis ignomi≠ *The punish-*
niam tuam. 7 proiciam super te abhomina-ciones tuas. *ment for concealment*
M. 322) þu naldest naut un preo þe to þe preoste ischrifte. 7 ich
schal shapen al naked to al uolc. þi cpedschipe. 7 to alle
10 kinedome þine scheome sunnen. To þe kinedome of
eorþe. to þe kinedome of helle. to þe kinedom of heo-
uene. 7 trussin al þin schendfullec oþin ahne necke as
p. 33 me ded o þe þeof þat me let to demen. | And spa pid
al þat schendlac þu schalt trusse 7 al.' torplen into helle.
15 O seid seint bernard. Quid confusionis. quid ignominie
erit quando dissi-patis foliis 7 dispersis. Vniuersa nuda≠
bitur turpitudo. sanies apparebit. O he seið hpuch
schendlac. 7 hpuch sorhe bið þer hpenne alle þe leaues
schu-len beon to parpled. 7 al þat fulþe schapen him.
20 7 pringed ut þat pursum biuoren alle pide porld. Napt
ane of perkes.' ah of idelnesses. of þordes 7 of þohtes.'
þat ne beot ibet her. As seint Anselme pitneð. Omne
tempus inpensum nobis requiritur a nobis qualiter ex≠
pensum sit. Euch tid 7 time schal beon þer irikened.'
25 hu hit pes her ispened. Quando dissipatis foliis 7 cetera.
Hpen alle þe leaues he seid seint bernard ṣhulen be⟨o⟩n
to parpled. He bi heold hu adam 7 eue þa ha hefden
isuneged gedereden leaues 7 make-den priheles of ham
to hare schendfule li-men. þus doð monie after ham.
p. 34 30 Declinan¹|tes cor suum in uerba malicie ad excusandas
excusaciones in peccatis.
    cchrift schal ofte beon imaked. for þi is iþe sapter. *Confession must be*
Confitebimur tibi deus confitebimur. And ure lea-uerd *frequent*
seolf seið to his disciples. Eamus Iterum In Iudeam.

2 momed *sic, for* somed   5 te: e *smudged and repeated above.*
17 apparebit: t *smudged and repeated above.*   24 time: t *smudged
and* ti *repeated above.*   26 be⟨o⟩n: o *interlined with caret.*
32 *Space left for two-line initial.*
A 9200   C

Gope eft seiðe he into Iudee. Galilee speled hpeol. forte
learen us of þat þe þeos porldes turpelnesse. 7 of sunne
hpeol.' ofte gan to schrifte. for þis is þe sacrement after
þe peouedes sacrement. 7 efter fullucht.' þat him is
laðest. As he heaued to hali men him seoluen sare his 5
unþonkes ibeon icnapen. pu-le a peob beon enchere pid (M. 324)
a peter pel ible-ched.' A sol clað hpit ipeschen.' þu
peschest þine honden in anlepi dei tpien oþer þrien. 7
nult naut þi saple iesu cristes spuse.' se eauer se ha his
hpittere.' se fulþe is senure upon hire bute ha beo ipe- 10
schen. Nult naut to godes cluppunge ofte umbe seoue-
nicht pes-hen hire eanes. Confiteor. hali peter. beoden.
| hali þohtes. blescunges. cneolunges euch god pord. p. 35
euch godperch. pesch⟨ed⟩ smale sunnen. þe me ne mai
alle seggen. Ah eaue⟨r⟩ is schrift þat heaued. 15

It must be ⟨s⟩chrift schal beon on hihþe imaked. Gif sunne cumed
prompt bi nichte.' anon oþer in mar-hen. gif hit kimed bi dai.'
er þen meslepe. Hpa durste slepen hpil his deadliche fa
heol-de an itohe sperd upon his heaued. þe nap-ped upon
helle breord ha torpled ofte al in er ha lest penen. Hpa 20
se is ifallen amid-de þe berninde fur nis he mare þen
amad gif he lid 7 biþenched him þenne he pu-le arisen.
A pummon þat haued ilosed hire nelde. o þer a sutere
his eal seched hit a-nan richt. 7 tepent euch strea aþet
hit beo ifunden. And god for sunne for-loren schal liggen 25
unsoht seoue dahes fulle. Nihe þinges beoð þat ahten (M. 326)
Other reasons hihen schrift. þe pine þat þat okered for sunne | is þes p. 36
for promptness deoueles feh. þat he geued to gauele. 7 to oker of pine.
Exusuris 7 iniquitate redimet animam eius. And eauer
se mon lid lengo-re in his sunne.' se þe gauel paxed of 30
pineipurgatorie. oþer her. oþer in helle. þe oþer þing
is þat muche. 7 þat dreadfu-le lure þat he leosed. þat
na þing þat he deð nis gode licpurþe. Ieremias alie-ni
commederunt robur eius. þat þridde is deð. þat he nat

12 .j. *in outer margin.* 14 pesch⟨ed⟩: ed *interlined with caret.*
15 eaue⟨r⟩: r *interlined with caret;* uer *repeated in outer margin.*
16 *Space left for two-line initial; guide-letter* s *in inner margin.*
19 itohe: i *interlined over* o. 26 .j. *in outer margin.* 31 .ij.
in outer margin. 34 [i]ij. *in outer margin.*

hpeder he schule þat ilke day ferliche steruen. Ecclesi⸗
asticus fili ne tardas conuerti ad dominum. nescis enim
7 cetera. þe ferþe is secnesse. þat he ne may þenchen
pel.' buten ane of his uuel. ne speken as he sc⟨h⟩ulde.
5 buten granen for his eache. 7 grunten more for his stiche
þenne for his sunne. Ecclesiasticus. Sanus confiteberis
7 viuens. þat fifte þing is muchel scheome þat hit is
p. 37 efter fal to liggen to longe. 7 hure under þe | schucke. þe
seste is. þe punde þat eauer pursed an hond. 7 strengre
10 is to healen. principiis obsta sero medicina paratur. þe
seoueþe þing is uuel pune þat lazere bitacned. þat stonck
se longe he heaue-de ilein iþer eorðe. o hpom hure
la-uerd peop as þe gospel telled. 7 risede 7 mengde him
seoluen. 7 geiede lude upen him. þeos feoper þing he
15 dude ear he hine rearede. forte schapen hu strong hit
is to arisen up of uuel pune þe roted in his sunne. Seinte
(M. 328) marie Lazere stonc of foper dahes. hu stinc-ked þe sun⸗
fule of foper ger oþer of fiue. Quam difficile surgit quem
moles male consuetudinis premit. O deus seid seint
20 austin. hu earmeliche he arised þe under pune of sunne
(M. 324) haued ilein longe. Circumdederunt me canes multi. Moni
p. 38 hundes seid dauid habbed bi set | me. hpen gredi hundes One must
stonded biforen þe bord. nis hit nod gerde.' As ofte ase chastise a dog
ani lecched topard þe.' 7 reaped þe þi-mete. nultu as promptly
25 ofte simten? elles ha palden kecchen of þe al þat þu
heauedest. And þu do alspa þenne. Nim þe gerde of þi
tunge. 7 as ofte as þe dogge of helle kecched ei god from
þe smit him anan'richt mid ierde of tunge schrift. 7 smit
him se luþerliche. þat him laþi forte snechccen eft to þe.
30 þet dunt of alle duntes is him dunte laþest. þe hund þat
fret leþer. oþer apuried eahte.' me him bat anan richt
(M. 326) þat he under stonde. for hpuch þing he is ibeaten. þenne
ne dar he naut eft don þet ilke. Alspa beat pid þi tunge
ischrift þene hund of helle anan richt. 7 he pule beon

3 iiij. *in outer margin.* 4 ane: e *badly formed and repeated
above.* sc⟨h⟩ulde: h *interlined.* 5 granen: e *badly formed
and repeated above.* 7 .v. *in outer margin.* 8 .vj. *in outer
margin.* 11 .vij. *in outer margin.* 25 simten *sic, for* smiten.

20 ANCRENE RIWLE

offered te do þe eft spuch þucke. hpa se is fol | þat seið p. 39
bi þe hund þat fret leþer abid þat to marhen. ne beat
þu him naut igetten. ah anan richt beat. Beat beat anan
richt. nis þing iþis porld þat smeor-ted us sare.' as him
deð spuch beatunge. Se me deoppere padeð iþe feondes 5 (M. 328)
leuien.' se me kimed up latere. þe ahtuþe þing is. þat
seint gregorie seið. peccatum quod ⟨per⟩ penitenciam
non deluitur.' mox suo pondere ad aliud trahit. þat is.
sunne þet nis sone ibet.' drahegd anan an oder. And þat.'
eft þe þridde. 7 spa uchan cundled ma-re.' 7 purse 10
cundelþen þe seolue moder. þat niheþe raisun is. Se he
ear bi gin¹neð her to don his penitence.' se he ha-ued te
beten lasse i pine of purgatorie. þis beoð nu nihene
raisuns. 7 monie ma þer beoð. for hpi schrift ah to beon
imaked on hihðe. | 15

Confession ⟨s⟩chrift ah te beon eadmoð. As þe publica-nes pes. p. 40
must be
humble napt as þe phariseus. þat talde his goddeden. 7 schau⹀
pede þat hale forð þa þe he schulde habben unphrihen
hise pun-den. for þi he pende un healed as hure la-uerd
seolf telled ut of þe temple. Eadm-odnesse is ilich þeos 20
cuinte herloz. hare gute festre. hare flopinde cpeise. þat
ha putted eauer porð. And gif hit is eatelich ha schaped
hit ford get eatelichur in ri-ches monnes ehnen. þat ha
habben rep-þe of ham. 7 geouen ham god þe raþere.
Huded hare hale clað 7 dod on alre upe¹mast fiteruches 25
al te torene. O þisse il-ke pise eadmodnesse eadiliche bi
giled ure lauerd. 7 begget of his goð. pid seli-truandise. (M. 330)
huded eauer hire god schapeð ford hire pouerte. put ford
hire cancre pepinde 7 graninde. biuoren godes ehnen. |
halsed medlesliche. On his derue passiun. on his deore⹀ 30 p. 41
purþe blod. on his fif punden. on his moder tittes. o þe
ilke tittes þat he sec. þat milc þat hine fedde. on alle
his halehene luue. o þe deore driperie þat he hauede to
his deore spuse. þat is to clene saple. on his ded on rode

6 þe: e *interlined over* e.   .viij. *in outer margin.*   7 ⟨per⟩
in inner margin, caret between quod *and* penitenciam.   11 cun-
del: e *badly made and repeated above.*   ix. *in outer margin.*
16 *Space left for two-line initial; guide-letter* s *in outer margin.*
19 hise: h *smudged and* hise *repeated in inner margin.*

MS. CAIUS 234/120 21

for hire to bigetene. þid þus anpil halsunge roped efter
sum help to þe precche me-seise. to lecchennen þid þe
seke. to healen hire cancre. And hure lauerd i halsed
spa ne may for reope pernen hire. ne spe-men hire pið
5 parne. nomeliche spa as he is spo unimete large.· þat
him nis na þing leouere. þen þat he mage ifinden achei≠
sun forte geuene. Ah hpa se gelped of his god as dod
i schrifte þeos prude. hpet neod his ham to hel-pe? Moni
p. 42 haued a spuch manere te seg'|gen hire sunnen.· þat hit
10 is purð aderne gelp. ⁊ huntunge after herepord.· of mare
halinesse.
 chrift ah te beon schemeful. Bi þat þat þe folc of israel It must be
pende vtturh þe rea'de sea. þat pes red ⁊ bitter. is made with shame,
bitacned þat pe moten þurh rudi scheome þat is isod
15 schrift. ⁊ þurh bitter peniten'ce passin te heouene. God
riht is pat crist þat us scheomie biuoren mon.· þat for≠
geten scheome. þa pe duden þe sunne.· biuoren godes
sihþe. Nam omnia nuda ⁊ aperta sunt oculis eius ad
quem nobis sermo. for al þat is al is naked seid seinte
20 paul ⁊ open to his ehnen. þid hpam pe schu-len rekenen
alle ure deden. Scheome is þe mestedel as seint austin
seið of ure penitence. verecundia est magna pars peni≠
p. 43 tencie. And seint bernard seið. þat nan | derepurþe
gimstan ne delited spa muchel mon to bi halden.· as ded
25 godes ehe þe rude of þe monnes neb þat richt seid is
sunnen. Vnderstondeð pel þis pord. Schrift is a sa-cre≠
ment. ⁊ euch sacrement haued his i-littnesse utepið efter
(M. 332) þat hit purched in-pið. As hit is i fullucht. þe peschunge
pið'uten bitacned þe peshunge of saple þid in-nen. Alspa
30 ischrift þe cpike rude i þe neb.· deð to understonden.· þat
þe saple þat pes bla. ⁊ nefde buten dead heop. haued
icaht cpic heop ⁊ is iruded faire.
 ⟨s⟩chrift sc⟨h⟩al beon dredful. þat þu segge. þid seint and with fear
Ierome. Quociens confessus sum.· videor michi non esse
35 confessus. As ofte as ich am ischriuen.· eauer me þunched

12 *Space left for two-line initial.*   16 Nota *in outer margin.*
25 Nota *in outer margin.*   33 *Space left for two-line initial;*
guide-letter s *in inner margin.*   sc⟨h⟩al: h *interlined.*

me un schriuen. for eauer is sum forgeten of þe totagges.
forþi seid seint austin. Ve laudabili hominum uite si
remota misericordia discucias eam. þat is. | þe beste mon p. 44
of þis porld gif ure lauerd dem-de him al efter richtpiss-
nesse. 7 naut after merci." pa schulde him ipurden. Set 5
misericordia ex-altat Iudicium. Ah his merci topard us
peied eauer mare þene þe narue rihte.

and yet with hope chrift forþi beo hopeful. Hpa se seid alse he con." 7 ded
alse he mai." god nebit namare. Ah hope 7 dred schulen
aa beon imeng to gederes. þis pes bitacned iþe alde lage 10
pes ihaten. þat þe tpa grindelstanes ne schulde na mon
tuinnen. þe neþere þat lid stille. 7 bered heui charge
bitacned ferlac þat teiet mon from sunne. 7 is iheueged
pid herd." forto beon cpite of her-dre. þe upere stan
bitacneð hope. þat eor-ned and stured hire In gode 15
perkes. eauer pid trust of muche mede. þeos tpa namon
ne parti from oþer. for as seint gregorie seið. Spes sine
timore luxuriat in presumpcionem. | Timor sine spe." p. 45
degenerat in presumpcionem. Dred pid uten ope maked
mon untrusti. 7 hope pid uten drede." maked ouer- 20
trusten. þeos tpa unþeues. untrust 7 oper trust." beod
þeos deoueles tristren. þer þe preche best seldene
astarted. Tristre is þer me sit pid þe greahundes forte
kepe þet best. oþer tildeð þe nettes agein him. Topard (M. 334)
an of þes tpa." is al þat he sleted. for þer beod his 25
gre¹hundus. þer beod his nettes. Vntrust 7 ouer-trust
beod of alle sunnen nest þe þat⟨t⟩e of helle. pid dread
pid uten hope þat is pid un-trust pes caimes schrift. 7
Iudases. for þi ha forferden. pid hope pid uten dred.
þat is pid ouertrust." is þe unseli⟨h⟩es sahe. þat seid iþe 30
saptere. Secundum multitudinem ire sue non queret.
Nis napt god quod he spa grim as ge him for makied.
Na he seid dauid. geu¹he. 7 scið þenne. propter quid
irritauit impius deum." | Dixit enim in corde suo non p. 46

8 *Space left for two-line initial.* 11 na *apparently altered from*
nil. 13 teiet: *second* t *smudged and repeated above.* 19 desperacionem *written above* presumpcionem. 26 grehundus: d
altered from some other letter. 27 þat⟨t⟩e: t *interlined with caret.*
30 unseli⟨h⟩es: h *interlined with caret.*

requiret. On alre earest he cloped þenne oper trusti
unbi-leued. þe unbileped pid hpon gremed he godal=
michti.' pid pon he seið. þat he seið nule he naut se
nearpliche demen as ge segget. geu siker ah he pule. þus
5 þeos tpa unþeapes beod to grime robberes. for þat an
þat is ouertrust reapeð god his richtedom. 7 his richpis=
nesse. þe oþer þat is untrust reaped him his milce. 7
spa ha beod unben to fordon god seolf. for god ne michte
napt beon piduten richpisnesse. ne pid uten milce. Nu
10 þen. Hpuche un'þeaues beod euening to þeose? þe pulled
god aquellen on hare fule pise? gif þu art to trusti. 7
haldest god torch preche forte proken sunne.' sunne liked Remember how
him bi þitale. Ah bi hald hu he prec on his heh engel God has punished sin,
p. 47 þe þohte of a prude. Hu he prec in | Adam þe bite of
15 an⟨e⟩ appel. He bi seinte sodome 7 gomorre. pere 7 pif
7 penchel þe nome-cuþe burhes. Al amuchel schire dun
in to helle grunde. þer as is nu þe deade sea þat napiht
cpikes nis inne. Hu he inoes flod al þe porld adreincte.'
(M. 336) buten eahte iþe arche. Hu he in his ahne folc israel his
20 deor-ling hu grimliche prec as ofte as ha gulten. Dathan
7 abiron. 7 chore 7 his feren. þe o-þer al spa þat he
sloh bi feole þusent ofte for ha gruchunge ane. On oþer
half lo'ke gif þu hauest untrust of his unimete milce. hu
lichtliche 7 hu sone seinte peter efter þat he hauede for=
25 saken him. 7 þat for a cpene pord pes pid him isahtnet. and how he has
Hu þe þeof on rode þe hefde a a iliuet uuele in a sterthpile forgiven it
of eode et him milce. pid a feir speche. for þi bi tpeonen
þeos tpa untrust 7 oper trust. hope 7 dred beon aa ifeied
to'gederes. |
p. 48 30 ⟨s⟩chrift get schal beon pis. 7 to pis mon imaked. of Confession
uncuþe sunnen. Napt to gun-ge prestes. gunge ich segge must be prudent, and to a
of pit. ne to sot alde. Bigin earest at prude 7 sech alle prudent man
þe bopes. þerof as ha beod þeruppe ipriten hpuch falle
to þe. þer efter alspo of onde. 7 ga spa adunepardes

4 demen: *second* e *smudged and repeated above.* 9 Nota *in
outer margin.* 15 an⟨e⟩: e *interlined.* 25 þat: t *smudged
and repeated above.* 26 First a *smudged.* 29 gederes *below
last line like catchword, preceded by decoration.* 30 *Space left for
two-line initial; guide-letter* s *in outer margin.*

24 ANCRENE RIWLE

reape bi reape. a to þe laste. 7 drah to gedere al þe team under þe moder.

It must be truthful (s)chrift ah te beon sod. Ne lih þu napt oþe seolf. for as seið seint austin. Qui causa humilitatis mentitur;' fit quod prius ipse non fuit. id est. pec¹cator. þe seið les 5 on him self;' þurh to muchel edmod⟨n⟩esse he is imaked sunful þah he ear nere. Seint gregorie seid þah. Bona⸗ rum men-cium est culpam agnoscere ubi culpa non est. Cun-de of god herte is to beon ofered of sunne;' þer as nan nis ofte. oþer peie spidere his sunne sumcharre þen he 10 þurfte. peie hit to lutel;' is ase uuel oþer purse. þe middel veie | of mesure;' is eauer guldene. Drede pe us eaue-re. p. 49 for ofte pe pened forto don alutel uuel;' 7 ded a great sunne. ofte uel to donne;' 7 dod al to cpede. Segge pe eauer þenne pid seint Anselme. Etiam bonum nostrum (M. 338) Ita est aliquo modo coruptum ut possit non placere aut 16 certe displicere deo. Paulus. Scio quod non est in me hoc est in carne mea bonum. No god in us nis of us. V re god is godes. ah sunne is of us. 7 ure ahne. Godes god pen ich ⟨h⟩it do quod seint Anselme spa o-summes 20 vise min uuel hit for gneied. oþer ich hit do ungladliche. oþer to ear oþer to late. oþe leate pel þar of. þah na mon hit nute. oþer palde þat ei hit piste. oþer ge-meles⸗ liche do hit. oþer to un pisliche. to muchel oþer to lutel. þus eauer sum uuel mongled him pid mi god. þat godes 25 grace geued me. þat hit mai lutel liken god. 7 mis liken ofte. Seinte marie. hpen þe hali mon seide þus bi him seolf;' hu mahe | pe piterliche hit seggen bi us preches ? p. 50

and voluntary (s)chrift ah to beon pilles. þat is pilleliche un-freinet. Naut i drahen of þe as þin unþon-þes. Hpil þu const 30 seggen eaut;' sei hit al un asked. Me ne schal eski nan bute for ne-de ane. for of þe easkunge mei uuel fallen;' buten ha beo þe pisere. On oþer half. Mo-nimon abit

3 *Space left for two-line initial; guide-letter* s *in outer margin.*
6 edmod⟨n⟩esse *altered from* edmonnesse *by alteration of both* n's *to* d's, *second* d *then expuncted and* n *in outer margin.*   19 V
re: e *erased between* V *and* r.   god: g *altered from* d.   Nota *in outer margin.*   20 ⟨h⟩it: h *interlined with caret.*   29 *Space left for initial; guide-letter* s *in outer margin.*

MS. CAIUS 234/120

forte schriuen him atte ne-de tippe. Ah ofte him liheð
þe prench þat ne may he hpen he pule. þat nalde þen he
mahte. Nan mare kanch shipe nis.· þen setten god terme.
as þah grace pere his to neomen uppen grace þrien iþe
5 terme. Nai belami nai. þe terme is igodes hond. naut
iþi bandon. Hpen god beod hit þe.· reach to ba þe
honden. for pid drahe he his hond þu maht loken eafter.
gef uuel oþer oþer þing ned þe to schrifte.· lo hpet seið
se-int austin. Coacta seruicia deo non placent. Seruises
10 inedde ne cpemed naut ure | lauerd. þah noþeleter.
betere his o þene no. Nunquam sera est penitencia si
tamen est uera. Nis neauer to late penitence. þat is
soð-liche imad. he seid eft him seoluen. Ah betere is as
dauid seið. Refloruit caro mea 7 ex uoluntate mea con-
15 fitebor ei. þat is. mi flechs is iflured bi comen al neope.
for ich chulle schriue me 7 herien godes pille. pel seið
he iflured to bitacnen pil-schrift. for þe eorþe al unnet.
7 þe tren al spa opened ham 7 bringet ford misli-che
flures. Eadmonnesse. Abstinence. vn-ladnesse. 7 oþere
20 spuche uertuz beod fei-re in godes ehnen. And spote i
godes na-se. smellinde flures. In Canticis flores appa-
ruerunt in terra nostra. Of ham make his he-rebere in pin
þe seoluen. for his delices he seid beod þer forto punien.
Et delicie mee esse cum filiis hominum. In libro sapiencie.
25 chrift ah te beon ahne. Na mon ne | schal ischrif
preien buten him seoluen. ase forð ase he mai. þis isegge
for þi þat spuch cas. spuch auenture bitimeð to sum mon.
þaat he ne mai napt fulliche preien him seoluen.· buten
he preie oþere. Ah bi nome naþelatere ne nempne he
30 napt þe ilke. þah þe schrift fader pite pel topard hpam
hit turne. Ah bi mong oþre. apreost. napt pilgam ne
pater. þah þer ne beo nan oþer.
⟨s⟩chrift schal beon studefast to halden þe pe-nitence
7 leauen þe sunne. þat þu segge to þe pre⟨o⟩st. Ich

p. 51
(M. 340)

p. 52

We must not
implicate
another

We must
resolve to do
the penance
and amend

25 *Space left for initial.* 28 þaat: *first a smudged.* 29
preie: ei *smudged and the word repeated in outer margin.* 33
Space left for two-line initial; guide-letter s *in outer margin.*
34 pre⟨o⟩st: o *interlined with caret.*

habbe studefastliche iþoht þis sunne forto leten. 7 don
þe penitence. þe preost ne schal napt eski þe gif þu pult
þeonne forð for haten þe sunne. Inoh is þat þu segge
þat þu hit hauest an heor-tetreopeliche to donne þurh
godes grace. 7 gif þu fallest þer hin.' þat þu pult a-nan 5
richt arisen þurh godes help. 7 cumenc | Agein to p. 53
schrifte. Vade 7 noli amplius peccare. Ga quod ure (M. 342)
lauerd 7 haue pil þat þu nult sunegen namare. þu ne
eskede he nan oþer sikernesse.

Confession must be carefully prepared chrift ah forte beon biþoht bi uoren longe. Of fif þinges 10
pid þi þoht gedere þine sunnen of alle þine ealdes. of
childhad. of guheþehad gedere alto gederes. þerefter
gedere þe studen þat þu inne punedest. 7 þench gerne
hpet þu dudest in uch stu-de sunderliche. 7 in uch ealde.
þer after sech al ut 7 trude þine sunnen. bi þine fif pittes. 15
þerefter bi alle þine limen. i hpuch þu lauest isunegeṣtd
mest oþer oftest. Alrearest sunderliche bi dages 7 bi
tides. Nu ge habbed alle ihaued as ich understonde þe
sixtene stuch-enes. þat ich bihette forto dealen. And al
ich habbe to broken ham op mine | leoue freond as me 20 p. 54
deð children. þat m-ahten pid unbroken bread deien an
hunˡgre. Ah me is þat piten moni crome to fallen. Seched
ham 7 gedereð.' for ha beod saule foden. þulli schrift þat
haued þus þeos sixtene stucchen.' ha-ued þe ilke muchele
michten þat ich earest seide. þreo agein þe deouel. þreo 25
on us seoluen. deorepurðe ouer gold hord 7 gimmes of
inde.

Summary of the teaching on Confession ⟨m⟩ine leoue frend þis fifte dale þat is of schrift limped
to alle men iliche. forþi ne pundri ge ou napt þat ich
to-pard op nomeliche nabbe nout ispeˡken iþisdale. Hab- 30
beð þah to oper bi houe þis lutle lest ende. of alle cunne
sunnen. as of prude. of great oþer of heh heorte. of
onde. of pred-þe. of slapðe. of gemeles. of idel pord. of
untohe þohtes. of sum idel herung. of sum fals gladunge.

10 *Space left for two-line initial.* 13 *From* 7 *to* mine,
l. 20 *the text is in a paler ink.* 16 lauest *sic, for* hauest.
17 dages: d *altered from* g *and* d *repeated in outer margin.* 28
Space left for two-line initial; guide-letter m *in outer margin.*
30 Nota *in outer margin.*

MS. CAIUS 234/120

p. 55 oþer of heui | murnunge. Of ypocr⟨e⟩sie. Of mete. 7 of
(M. 344) drunch to muchel oþer to lutel. Of gruch-unge. Of
grimchere. Of silence ibroken. of sitte longe at þurle.
of ures mis seiðe./ þid uten geme of heorte. oþer in
5 untime. of sum fals pord. of spare. of ploge. of ý-schake
lahtre. Of schedde cromen. oþer ale. of leoten þinges
muhelin. Bro-ken nap oþer disch. claþes unsoped. Bi⸗
rei-ned unpeshen. oþer bi seo gemelesliche ei þing þat
me pid fareð. oþer ahte to ge-men. Of keoruunge oþer *Confess once a*
10 hurtunge þurh unbisegenesse. of alle þe þinges þe beoð *week at least*
iþis riple. þat beod mis numene. of alle þulliche þing./
schriue hire uche pike ea-nes at þe leste. for nan se lutel
nis of þeos þat þe deouel naued enbreueð on his rolle.
Ah schrift hit schraped of./ al he pule o domes dai reden
15 ful piterliche. forte bi¹clepien þe pið. a pord ne schal þer
p. 56 ponten. Nu þenne ich reade geoued him to priten | þat
leste þat ge eauer mahen. for nan mester nis him leuere.
7 pet se he prit./ beod umben for to chrepien hit of clen⸗
liche pid naþing ne ma⟨i⟩he ge matin him betere. To *If you confess*
20 uch preost mei ancre schriuen hire of spuch utterliche *to any but your own priest be*
sunnen. þe alle bi palleð. Ah ful trusti ha schal beon *assured of his integrity*
o þe preostes god-lec þat ha allunge schapi to hu hire
stonde a buten flesches fondunge. gif ha Is spa ifon-deð
buten ai deaþes dute. þus þah me þunchet þat ha mai
25 seggen. Sire flesches fondunge þat ich habbe oþer habbe
ihaued./ get te ford uppen me þauunge. Ich am adred
leste ich ga driuinde oþer p⟨h⟩iles. to spiðe forð par-des
mine fol þohtes. 7 fule umbestunde as þah ich huntede
efter licunge. Ich michte þurh godes strechþe schaken
(M. 346) ham of me gif ich pere cpicliche 7 stealepardliche umbe.
31 Ich am afeared sare þat þe delit iþe þoht leste to longe
p. 57 ofte. Spa þat hit come neh | to skiles gettunge. Ne dar
ich þat ha deopluker ne piterluker schriue hire to gung

1 ypocr⟨e⟩sie: *first* e *interlined over a smudged* i.   6 habite *crossed out and expuncted before* lahtre.   8 gemelesliche: *first* l *altered from* s.   12 leste: l *altered from* þ.   13 Nota *in outer margin.*   19 ma⟨i⟩he: i *interlined with caret.*   27 p⟨h⟩iles: h *interlined with caret.*   32 Catchwords* come neh to skiles *at foot of p. 56.*   Ne: e *badly formed and repeated above.*   33 deo-pluker: *second* e *badly formed and repeated above.*

preost. her abuten. Ah to hire ahne schrift fader. o-þer
to sum lif halimon. gif ha mai him hab-ben. cul al þe
pot ut. þer speope ut al þat punder. þer pid fule pordes.
þat fulþe efter þat hit is tuke al to pundre. Spa þat ha
drede. þat ha hurte his earen. þat herknet hire sunnen. 5
gef ai ancre nat naut of þul-liche þinges. þonki georne
iesu crist. 7 hal-de hire in drede. þe deouel nis naut
deð. þat pite ha þah he slepe.

Confess trifling ⟨l⟩Ihte gultes betet þus anan richt bi op seoluen. And
sins þah segget ham ineschrifte. hpen ge þenchet ham on as 10
ge speked pre⟨o⟩stẹ. for þe l⟨e⟩aste of alle sone se ge
un-dergeoted hit. falled biuoren oper peofd-o cros to þer
eorþe. 7 segget mea culpa. Ich gulte. Merci Lauerð.
þe prost ne þarf | for nagult bute hit beo þe grettre. p. 58
leggen oþer schrift on op þen þat lif þat ge ledeð efter 15
þeos r⟨i⟩ple. Ah after þe absoluciun he schal þus seggen.
Al þat god þat þu eauer dest. 7 al þat uuel þat þu eauer
þolest for þe luue of iesu crist inpid þin ancre pahes.
al ich en gun'ne þẹ. al legge uppon þe iremissiun of þeos.
7 iforgeuenesse of alle þine sunnen. 7 tenne sumlutles 20
pet he mei leggen on op. as a psalm. oþer tpa. pater
nosteres. Auez tene oþer tpeolue. Disciplines eche to gif
him spo þunchet. Efter þe totagges þat beoð ipriten þer
uppe. he schal þe sun-nen demen more oþer lasse. A
sunne ful for geuelich mei purþen ful deadlich þurh sum 25
uuel totag. þat lið þerbisiden. Efter schrift falled to (M. 348)
speken of penitence. þat is dedbote. And spa ge habbed
in geong | ut of þis fifte dale in to þe seste. p. 59

⟨n⟩os autem gloriari oportet In cruce domini nostri
iesu christi. Al ure blisse mot beon In Iesu cristes rode. 30
þis pord nomelicle limpeð to men of re-ligiun. Hpas
blisse ah te beon allunge igo-des rode. Ich chulle biginnen
herre. 7 lihten spa hopre herten. Neomed gode geme for
al mest is seint bernardes sentence.

9 *Space left for two-line initial; guide-letter* l *in inner margin.*
11 pre⟨o⟩ste: o *interlined with caret.* l⟨e⟩aste: e *interlined.* 16 r⟨i⟩ple: i *interlined with caret.* 29 *Space left for two-line initial; guide-letter* n *in inner margin.*

MS. CAIUS 234/120 29

⟨þ⟩Reo manere of godes icorne liuieð on eorðe. þe ane Three classes
mahen to godes pilegrimes ieueneð. þe oðre.' to deade. of the elect:
þe þridde.' to hihongede pid hare gode pil o iesues rode.
þe forme beod gode. þe oðre beod betere. þe þridde
5 beoð alrebeste of alle.
⟨t⟩O þe forme greded seinte peter inpardliche. Obsecro I. Spiritual
uos tanquam aduenas 7 peregrinos ut abstineatis uos a pilgrims
carnalibus desideriis que militant aduersus animam. Ich
halsi op he seið as ealþodi 7 pilegrimes. þat ge pidhalden
p. 60 10 op from | flechliches lustes. þe peoreð a gein þe saple.
þe goˡde pilegrim halt eaper his richte pei forðparð. þah
he seo oþer ihere idele gomenes. 7 punderes bi peie.' he
(M. 350) ne astont napt as foles doð. ah halt forð his richte pei
7 hihet topard his giste. Hene bered nan gersum buten
15 his spense gnedeliche. Ne claþes buten ane þeo þat him
to neodeð. þis beod hali men. þat þah ha beon iþe⸗
porlð.' ha beoð þer in ase pilegrimes. 7 gad pid god
liflaðe topard þe riche of heuene. 7 seggeð pið þe aposfle.
Non habemus hic manentem ciuitatem.' sed futuram
20 inquirimus. þat is. Nabbe pe na puniugge her.' ah pe
secheð oþre. Beoð bi þe l⟨e⟩aste þat ha mahen. 7 ne
haldeð na tale of nan pordlich froure. þah ha beon in
porldlich pei. as ich seide of pilegrime. ah hab-bed hare
heorte eauer topard heouene. 7 ahen pel to habben for
25 oþere pilegrims. gad mid mu-chele spinc to sechen ane
p. 61 sontes banes ase | sein Iames oþer sein giles. Ah þeo
pilegrimes þe gad toparð heouene.' ha god to beon
isonted. 7 to finden god seolf. 7 alle his hali halegen.'
liui-inde ine blisse. 7 schulen libben pid ham ipunne
30 buten ende. Heo ifindeð ipis sein Iulianes in þat pei
ferinde men georne bischeð.
⟨n⟩v beoð þeos gode. Ah get beod þe odere bete-re. II. The dead
in Christ

---

1 *Space left for two-line initial; guide-letter* þ *in inner margin.*
2 ieueneð: ie *altered from* u.   Nota *in outer margin.*   6
Space left for two-line initial; guide-letter t *in inner margin.*
14 hihet: *second* h *altered from* e *and* [h]ihet *repeated in outer
margin.* Nota *in outer margin.*   18 aposfle *sic, for* apostle.   21
l⟨e⟩aste: e *interlined.*   22 haldeð: e *ligatured to* d *and repeated above.*
32 *Space left for two-line initial; guide-letter* n *in inner margin.*

for allegate pilegrimes as ich ear seide. al gan ha eauer
fordparð. ne cumed nane burh men iþe porldes burh.'
ham þunched sum char-re god. of þat ha seod bipeie.
⁊ at stondet sum del. þah ha ne don mid alle. ⁊ moni
þing ham falleð to. hparþurh habeoð ilatte. Spa þat 5
mare harm is sum cumed late ham.' sum neauermore.
Hpa is þenne skere ⁊ ma-re ut of þe porld þene pile⸗
grimes? þat isto seggen. þene þeo men þat habbet
porldlich-þing. ⁊ ne luuied hit napt. ah geueð hit | as p. 62
hit kimed ham. ⁊ gad untrusseð lichte. as pilegrimes 10
toparð heouene. Hpa beoð betere þene þeos.' God pot
þeos beod betere. þat þe a postle speked of. ⁊ seið in
his pistel. Mortui estis ⁊ uita uestra abscondita est cum
christo in deo. Cum autem apparuerit uita uestra. tunc
⁊ uos appare-bitis cum eo in gloria. Ge beoð deade. ⁊ 15
oper lif is ihud mid criste. hpen he þat is oper lif depeð (M. 352)
and springeð. as dahunge efter nih-tes þeosternesse. ⁊
ge spulen mid him sprin-gen schenre þenne þe sunne inte
eche blisse. þeo beoð þus deade.' hare liflade is herre. for
pilegrim eiled monihpet. þe dea-de nis napt of þah he 20
ligge unburied ⁊ rotie buuen eorðe. Preise him laste him
do him schome. al him is iliche leof. þis is a seli deað.
þat maked cpic mon þus. oþer cpic pummon. ut of þe
porlde. Ah sikerliche | hpasc is þus deað in him seoluen.' p. 63
god liueð in his heorte. for þis is þat þe apostle seið. 25
Viuo ego iam non ego. viuit autem in me christus. Ich
liuie napt iḥch.' ah crist liued in me. And is þah he seide.
por⟨d⟩lich speche. por⟨d⟩lich sichþe. ⁊ uch porldlich þing
finded me dea-de. Ah þat þat limped to crist.' þat ich
seo ⁊ here. ⁊ purche icpicnesse. þus is uch reli-gius dead 30
to þe porlde. ⁊ cpic ine criste. þis is an heh steire. Ah
þet is þah an her-re. And hpa stod eauer þerin? God
pat he þat seiðe. Michi autem absit gloriari.' nisi in cruce
III. They who domini mei iesu christi. per quam michi mundus cruci⸗
are crucified
with Christ fixus est ⁊ ego-mundo. þis is þat ich seide þeruppe. Crist 35
me ischilde forte habben ani blisse iþis porld.' buten i

18 spulen *sic, for* shulen. 28 por⟨d⟩lich: d *interlined with caret.*
31 steire: te *smudged and the whole word repeated in inner margin.*

Iesu cristes rode mi leauerd. þurh pham þe porld is me
unpurð. 7 ich ham unpurd hire. ase pari þe is an honged.
p. 64 | Alauerd hehe stoð he.' þat spec oþisse pise. And þis
is reliuses ste⟨i⟩re. þat he þus segge. Michi autem absit
5 gloriari 7 cetera. Inan þing ne blissi ich me buten in
godes rode. þat ich þolie pa. 7 itald unpurd as god pas
o rode. loked leoue frend hu þis stei-re is herre þen ani
beo of þe oþre. þe pilegrim iþe porlddes pei þah he go
fordpard topard þe ham of heuene.' he sið 7 hered unnet
10 7 speket umbehpile. preddeð him for pohes. 7 moni þing
mai letten him of his iurneie. þe deade nis na mare of
scheome þen of men-ske. of hard þen of nesche. for he
ne feled nou-þer. 7 for þi ne of earneð he nouþer pa ne
14 punne. Ah he þat is on rode 7 haued blisse þer-rof.' he
(M. 354) pended schome to menske. 7 pa into punne. 7 of serued
for þi.' hure ouer hure. þis beoð þeo þat neauer ne beod
p. 65 glade in heorte.' buten hpen ha þolied sum pa oþer | sum
schome pið iesu on his rode. for þis is þe selehþe on
eorþe. hpa se mai for godes luue. habben scheome and
20 teone þus lo rich reli-giuse. ne beod naut ane pilegrimes.
ne get naut ane deade.' ah beod of þeos þridde. for al
hare blisse is forto beon anhongeð sari-liche 7 schome⸗
liche pid iesu on his rode. þeos mahen bliþe mid hali
chirche singen. Nos oportet gloriari in cruce 7 cetera.
25 þat is as ich seide ear. hpet se beo of oþre þe habbet
heore blisse. summe iflesches licunge. summe iporlddes
dpeo-le. summe in oþeres uuel.' pe moten blissen i-iesu
cristes rode. þat is ischeome. 7 ipa þat he droh o rode.
Moni palde summes peis þolien fleshes herdschipe. 7
30 beon itald unpurd. ah scheome ne mahte he þolien. Ah
he nis bu-ten halflunge uppen godes rode. gif he nis
igreiþeð to þolien ham baþe. |
p. 66 Ilitas 7 asperitas. Vilte 7 asprete. þeos tpa. scheo-me *Pain and*
7 pine. ase seint Bernarð seið beoð þe tpa leaddre *ignominy raise*
us to heaven
35 steolen. þat beod uppriht to heouene. And bi tpenen

2 ham: m *smudged and repeated in outer margin.* 4 ste⟨i⟩re: i
interlined with caret. 7 stei-re: *first* e *smudged and repeated above.*
33 *Space left for two-line initial.* 35 uppriht: h *altered from* e *or* c.

þeose stelen.' beod of alle gode þeaues þe tindes ifastnet.
bi hpuche me climbet to þe blisse of heouene. for þi þat
dauið hefde þeos tpa stelen of þis leaddre þah he king
pere.' he clomb uppard. 7 seide baldeliche to ure la-uerd.
Vide humilitatem meam 7 laborem meum 7 dimitte 5
vniuersa·delicta mea. Bihald quod he. 7 sih min edmod꙼
nesse. 7 mi spinc. 7 forgefme mine sunnen alle to
gederes. Notieð pel þeos tpa pord þat dauid bereð somet.
Spinc 7 eadmod-nesse. Spinc ipine 7 ipa. isar 7 iseorhe.
Eadmo-dnesse a gein poh of scheome þat mon dreget.' (M. 356)
þat is itold unpurd. Ba þeos bihald in me quod dauid 11
godes deorling. Ich habbe þeos tpa leddre steolen. Di꙼
mitte uniuersa delicta mea. Leaf quod he bi hinden me.
7 parp pei from me alle mine | gultes. þat ich ilihted of p. 67
hare heouinesse licht|liche stie up to heouene bi þeos 15
Laddre.

⟨Þ⟩eos ilke tpa þinges. þat is pa 7 scheome iuei-ed to
gederes.' beod helyes hpeoles þat peren furene hit telled.
7 beren him up to parais þ þer he liueð get. fur is hat
7 read. Iþe hate is to understonden. uch pa þat eileð 20
flechs. Scheome bi þe reade. Ah pel mai buhien ha beod
her hpeolinde ase hpeolesouerturned sone. ne lesteð nane
hpile. þisilke ec is bitacneð bi che-rubinnes speord bi꙼
uoren paraise geaten. þat pes of lei 7 hpeolinde. 7
turninde abuten. Ne kimed nan into parais buten þurh 25
þis leitin-de speord þat pes heot 7 read. And in hely-es
furene hpeoles. þat is þurh sar 7 scheome. þe ouerturned
sone 7 agað sone. And nes go-des rode pid his derepurðe
bloð. iruded 7 ire-deð.' forto spauen on him seolf. þat
pine 7 seorhe. 7 sar schulen pid scheome beon iheoped.' 30
| Nis hit ipriten of him. factus est obediens usque ad p. 68
mor-tem. mortem autem crucis. þat is. he pes buhsum
his fader. napt ane to deað.' ahto dead on rode. þurh
þat he seide earest deað. is pine under stonden. þurh

1 þe: þ *altered from another letter.* 4 seide: *second* e *badly
formed and repeated above.* 12 leddre: *second* e *badly formed and
repeated above.* 17 *Space left for two-line initial; guide-letter* þ *in
inner margin.* 19 þ *smudged and perhaps intended to be crossed
out.* 27 Nota *in outer margin.* 30 iheoped: e *interlined over first* e.

þat he þerefter seið deað on rode; pinful 7 schend-ful
oþer oþre. Hpa se eauer deieð inegoð. 7 o go-des rode;
þeos tpa he mot habben scheome for him 7 pine.
Scheome ich cleopie eauer her beon itald unpurð. 7 beggen as an
5 herlot gif neod is his liuenat. 7 beon oþeres bodesmen
as ge beod leo-ue breþren. 7 þolien ofte danger of spuch
oþer pile. þat michte beon oper þral. þat is þat eadi
scheome; þat ich of talie. Pine ne truke eou napt. Iþeos Blessed
(M. 358) ilke tpa þing. þat al penitence is inne; blissed heo 7 ignominy
10 gladied. for agein þeos tpa op beoð tpa fold blisse igerked.
Agein scheome menske Agein pine delit. 7 reste buten
ende. ysayas. In terra inquid sua duplicia possidebunt.
Ha schulen seid ysaye. In hare ahne lond pelden tpa
p. 69 fald blisse. | Agen tpa fald pa. þat ha her dreget. In
15 hare ah-ne lond seið ysaie. for al spa as þe uuele nabbed
na lond in heouene; ne þe gode nabbed na lond in eorðe.
Super epistolam Iacobi. Mali nichil habent in celo. boni
uero nichil in terra. In hare ahne lond ha schu-len pelden
blisse 7 tpafald cunne mede; agein tpafald cunne seorhe.
20 As þah he seide. Ne þun-che ham na ferlich þah ha her
þolien as in vncuð lond. 7 in uncud heard bituhhen un׀
þeode scheome ba 7 sorhe; for spa deð moni gentil mon.
þat is uncuð in vncudðe. Me mot ute spinken at hame
me schal resten. And nis he a cang kiniht þe sechet reste
25 iþe fecht. 7 eaise iþe place; Milicia est vita hominis super
terram. Al þis lif is afecht ase iob pitneð. Ah efter þis
fecht her gef pe pel fechteð; menske 7 reste abit us. ed
hame in ure ahne lond þat is heue-riche. Loked nu hu
piterliche ure lauerd seolf hit pittneð. Cum sederit filius
p. 70 30 hominis in sede ma-|iestatis sue. sedebitis 7 uos Iudi⸗
cantes. Bernardus In sedibus quies inperturbata. In
Iudicio honoris emi-nencia commendatur. Hpen ich sitte
forto demen seid ure lauerd. ge schulen sitten pid me.
7 de-men pid me al þe porld. þat schal beon idemed.
35 kinges 7 kaisers cinhtes 7 clarkes. I þe sete is reste.

1 Nota *in outer margin*.   23 Nota *in outer margin*.   25 Iob
in inner margin.   27 menske: sk *crowded together and* ske
repeated above.   28 lond: d *smudged, expuncted, and repeated
above*.   35 Nota *in inner margin*.

A 9200   D

7 aise bitacneð. agein þat spinc þat her is. Iþe menske of þe dom. þat ha schulen demen.· is hehsipe menske ful ouer alle under-stonden. A gein schome 7 lah schipe þat ha her for godes nome mildeliche þolied.

Christ suffered pain and ignominy on earth is þer nu þenne bute þolie gladliche for bi god seolf is ipriten. Qui per penam ignomi-ose passionis peruenit ad gloriam resurexionis. þat is. þurh schendful pine he com te glorie of blisful ariste. And þat ge mahen. þurh his (M. 360) gracegef þe us seoluen pulleð. Quoniam si complantati fuerimus similitudini mortis eius.· similes 7 resurexionis erimus. | Seinte paules sahe þat seid so uel eauer. gif ge p. 71 beoð iimpeð to þe licnesse of gode s dead.· þe schulen of his ariste. þat is to seggen. gif ge libbet ischome 7 ipine for his luue ihpucche tpa he deiede.· þe schulen beon iliche his blisful ariste. ure bodi bricht as his is.· porld buten ende. As seint pauel pitneð. Saluatorem expecta≠ mus qui reforma-bit corpus humilitatis nostre configura≠ tum corpori clari-tati sue. Let oþere acemeien ham þe eorlned biuoren hont. Abide þe ure healende þe schal

We must suffer with Him acemeien ure efter his ahne. Si compatimur.· conregna≠ bimus. gif þe þolied pid him þe schulen blissen pid him. Nis þis god fore-pard. pat crist nis he napt god felage ne treope. þe nule scotten iþe lure as iþe bigete. Glosa. Illis solis prodest sanguis christi qui uoluptates dese≠ runt 7 corpus affligunt. God schedde his blod for alle. ah ham ane | hit is purð.· þat fleod fleshes licunge. 7 p. 72 pined ham seoluen. And is þat ani punder ? Nis god ure heaueð. 7 þe his limen alle. Ah nis uch lim sar pid seorhe of þe heaueð. His lim þenne nis he napt. þe naped eache under þe sare akinde heauet. Hpen þat heaued spat uel. þat lim þat nespat napt. nis hit uuel tac-ne ? He þat is ure heaued spatte blodi spot for ure seccnesse. to turnen us of þe lond-huuel. þat alle londes leien on. 7 liggeð gette monie. þet lim þat ne spat napt ispinclful pine for his luue.· god hit pat hit leaueð in his seccnesse. 7 nis þer bute keo⟨r⟩uen hit þah hit þunche

---

5 *Space left for two-line initial.*   12 gode s: *space between* e *and* s *due to tear.*   36 keo⟨r⟩uen: r *interlined with caret.*

sar. for betere is finger of-fe þene he ake cauer. Cpemed
(M. 362) he nu pel god. þe þus bilimed him of him. seolf þurh
p. 73 þat he nule speaten? Oportebat christum pati | 7 ita
intrare in gloriam suam. Seinte marie merci. Hit moste
5 spa beon hit seið. crist þolien pine 7 passiun. 7 spa
habben ingeong into his riche? Lo deale ped he seið.
Spa habben in 'geong into his riche. Spa 7 nan oþer peis.
And pe preches sunfule pulled pid eaise sti-hen to heouene.
þat is seo hehe buuen us. 7 spa spide muchel purð. And
10 me ne mai napt pid uten sp⟨i⟩nc alutel cote a rearen. ne
napt tpa þpongede scheos habben pid uten bune. Oþer Eternal joy not
pe beod kanges þe pened pid lichteleapes to buggen eche- to be bought
                                                          for a trifle
blisse.' oþer þe heali men þe bochten hit spa deore. Nes
seinte peter 7 seint Andreu þer-uore istraht a rode?
15 Seint lorenz o þe gre-dil. And laþelease meidnes þe tittes
p. 74 itoren of tohpiþered o hpeoles. hefdes bicorpen.' | Ah ure
sotschipe is sutel. 7 heo peren iliche þose geape children.
þe habbeð riche faderes. þat pilles 7 paldes teteoreð hare
claþes. forte habben neope. Vre alde curtel is þe flechs
20 þat þat pe of adam ure ealde fader habbeð. þe neope pe
schulen under fon of god ure riche fader. iþe ariste of
domes dai. pen ure flesh schal blikien schenre þen þe
sunne. þat is te toren her pid pondrede. 7 pid peane.
Of þeo þat hare curtles te teoreð oþisse pise.' seid ysaie.
25 Deferetur munus domino exercituum a populo diuul-so
7 dilacerato a populo terribili. Afolc to limeð 7 tetoren.
afolc he seið ferlich schal maki-en to ure lauerd present
of him seoluen. folc to limed 7 to toren pid strongliflade
7 pid hard.' he cloped foçlc ferlich. for þe fond is of
p. 75 30 spuch of frucht 7 offeared. for | þi þat Iob pes þullich.' We must
                                                                mortify the
he menede of him 7 seide. Pellem pro pelle 7 uniuersa flesh, that we
que habet 7 cetera. þat is. He pule geouen fel for fel. may scare the
                                                          devil
þe ealde for þe neope. As þah he seide. Ne geineð me
napt te asailen him. he is of ⟨þe⟩ tetorene folc. hetered

7 Nota *in inner margin*. 9 buuen: e *smudged and repeated
above*. 10 sp⟨i⟩nc: i *interlined with caret*. 19 Nota *in outer
margin*. 28 liflade: e *ligatured to* d *and repeated above*. 34
⟨þe⟩: *interlined with caret*.

his alde curtel. 7 tetered þe alde pilche of his deadliche
fel. for þe fel undeadlich. þat iþe neope ariste schal (M. 364)
schinen seouepald brichtere þen þe sun-ne. Eise 7 flesches
este beod þe⟨s⟩ deoueles merken. Hpen he sið þeos
marken imon oþer ipummon. he pat þe castel is his. 7 5
ged baldeliche in þer he sið irich up spuche baneres. as
me deð icastel. Iþet itoren folc he missed his marken.
7 sið in ham iricht godes baneres. þat herdschipe of lif 7
ase muchel dreð þer of. as ysaie pitned.

Bodily penance is a medicine against sin   ⟨m⟩E leoue sire seið sum 7 ⟨is⟩ hit nu pisdom | to don 10 p. 76
se pa him seoluen? And þu seist me on¦spere. of tpa
men hpeþer is pisre. Ha beod ba seke. þe an forged al
þat he luued of metes 7 of drunches. 7 drinked biter
sabraz forte a kouoren heale. þe oþer folegeð al his pil
7 forþed his lustes agein his secnesse 7 leosed þat lif sone. 15
hpeþer is pisre of þeos tpa? hpeþer is betere his ahne
frend. hpe-þer luued him seoluen mare? And pa nis sec
of sunne? God for ure secnesse dronc attri druch on
rode. 7 pe nulled napt bit-tres biten for us seoluen. Nis
þer napt þer of. Sikerliche his folhere mot pid pine of 20
his flesch folehen his pine. Ne pe-ne nan pið este stihen
to þe steorren.

God's hatred of sin   E sire seið sum eft pule god spa sta⟨r⟩ch-liche preoken
uppen sunne. Ge mon | for loke nu hu he hit heated p. 77
spiðe. Hu valde nu þe mon beaten þat þing seolf hper 25
se he hit ifunde. þe for muchel heatunge beote þe
schadepe þerof. 7 al þat hefde þer to eni ilicnesse? God
fader almichti. hu beot he bit-terliche his deorepurde
sune iesu ure lauerd þat neauer nefde sunne. bute ane
þat he ber flesch ilich ure. þat is ful of sunne. 7 pe 30
schulen beon ispareð þet bereð on us his sune deað. þe

4 þe⟨s⟩: s *interlined*. Nota *in outer margin*. 10 *Space
left for initial; guide-letter* m *in inner margin*. ⟨is⟩ *interlined
with caret*. *At top of p. 76, in paler ink and a later (xiv–xv
cent.) hand*: Memorandum þat Thomas smythe hathe payd vnto
John Dunke off þe sayd paryshe x li. xv s. vj d. 11 Nota *in
outer margin*. 14 kouoren: *second* o *slightly smudged and* e
interlined over the o. 20 Nota *in outer margin*. 23 *Space left
for two-line initial*. sta⟨r⟩ch-liche: r *interlined with caret*.

(M. 366) þepne þat slo⟨c⟩h him. þat pes ure sunne.' And he þat
nauede naut of sunne bute schadepe ane. pes i þilke
schade-pe se scheomeliche itukeð.' se seorhfulliche ipined.
þat ear hit come þer to for þe þrea-tunge ane þrof.' he
5 bed his fader are. Tristis est anima mea usque ad mor‑
tem. Pater mi si possibi-le est transeat a me calix iste.
p. 78 Sare quod he me | grulleð ageines mi pine. Mi fader gif
hit mai beon.' spare at þis time. þi pil þah 7 napt min
eauer beo iforþeð. His deorepurðe fa-der for þi ne forber
10 him napt. Ah leide on him se bitterliche. þat he bigon
te geihen pið reopfule steauene. Heloy. heloy. Lama
zabatani. Mi god. Mi god. mi deorepurþe fader. haue‑
stu al for parpeme. þin anleapi sune. þe beatest me se
sare? for al þis ne lette he napt. Ah beot spa longe 7
15 spa spiþe grimliche. þat he starf on rode. Disciplina
pacis nostre super eum. Seið ysaie. þus ure beatun-ge
feol on him. for he dude him seoluen bi tpeonen us. 7
his fader þe þrette us te smiten. As moder þat is reop⟨ð⟩‑
ful. ded hire bitpenen hire child 7 þe praþe sturne fader.
20 hpen he hid pule beaten. þus dude ure lauerd iesu crist
p. 79 ikepte on him deaþes dunt.' forte schilden | us þer pið.'
igraced beo his milce. Hper se muchel dunt is. hit bulted
agein uppon þeo. þat þer neh stonded. Soðliche hpa se
is neh him þat þer ikippeð eni dunt.' hit pule bulten on
25 him. þat nule him neauer meanen. for þat is þe proue.
þat he stont neh him. And licht is þe bultunge to þolien
for his luue. þe un\|derpeng þe heuie dunt us forto burhen.
from þe deoueles botte iþe pine of helle.

    Et seið moni mon. hpet is god þe betere þah ich pine He wishes us
30 for his luue. Leoue mon 7 pum\|mon. god þunched god to love him
of ure god. Vre god is. gif pe doð. þat þet pe ahen.
Nim geme of þis asample. Amon þat pere feor ifaren 7
me come 7 talde him. þat his deore spuse se spiþe
murnede efter him. þat ha pið uten him delit nefde ina

---

1 slo⟨c⟩h: c *interlined with caret.*   4 þe: e *slightly smudged
and repeated above.*   5 bed: b *smudged, expuncted, and repeated
above.*   18-19 reop⟨ð⟩ful: ð *interlined with caret.*   29 *Space
left for two-line initial.*   30 Nota *in outer margin.*

þing. Ah pere for þoht of his luue leane 7 el iheopet. (M. 368)
Nalde him | betere liken. þen þat me seide him þat ha p. 80
gleo¹pede. 7 gomenede. 7 pedde pid oþere men. 7 liue-de
idelices? Alspa ure lauerd. þat is is þe saule spus þe
sid al þat ha ded þah he hehe sitte:' he is ful pel ipaied. 5
þat ha murni after him. 7 pule murnen topard hire
mucheles þe spui-þere pid geoue of his grace. Oþer fechen
hire allunge to him. to glorie 7 blis þar puni⟨e⟩inde.

We need bodily   E Grapi hire nan to softeliche hire seoluen to bicharren.
discipline and
spiritual virtues Ne schal ha for hire lif piten hire cleane. Ne halden richt 10
hire castete pið uten tpa þinges. As seint eilred prat to
his suster. þat an is pinsunge iflesh. pid festen pid.
pechen. pid disciplines. pid hard perunge. herd leohe.
pid uuel. pid muchelespinkes. þe oþer is heorte þeapes.
Deuociuns. Reuhful-nesse. Luue. Eadmodnįesse. 7 oþer 15
spucche vertuz. Me sire þu onsperest me. suled god his
grace:' Nis grace pil geuene? Mine leoue | frend. þah p. 81
clannesse of chastete ne beo napt luue of goð. Ah beo
geoue of grace:' ungraciuse stonded þer to geines. 7
makieð ham unpurðe te halden spa heh þing. þat nulled 20
spinke þer pore bliþeliche þolien. Bitpenen delices. 7
else. 7 flesches este. ⟨h⟩pa pes eauer chaste? Hpa brede
eauer inpid hire fur þat ha ne brende:' Pot þat palled
nulhe eauer beon laden. oþer cald pater iparpen þer Inne.
oþer brondes pid dragene? þe pombe pot þat palleð of 25
mete 7 mare of drunches is se neh nehebur. to þat fuli⸗
toche lim. þat ha dealed þer pið þe brune of hire heate.

Do not be too Ah moni more harm is beod spa spiðe pise. 7 spa spo
anxious about
your health   ouer spide o-uer dreð. leste hare heaued ake. leste hare
lico-me febli to spiðe. 7 piteð spa his heale. þat þe gast 30
unstrenget. 7 secleð in sunne. An þeo þat schulden ane
lechnen hare saple pið heor-te bi Reusunge 7 flesches (M. 370)

1 pere: *second* e *smudged and repeated above.*   8 puni⟨e⟩inde:
first e *interlined; second* e *badly formed and repeated above.*
9 *Space left for two-line initial.*   11 Nota .j.a *in outer margin.*
14 muchele: l *altered from* s.   ij.a *in outer margin.*   17 *Catch-
word* frend *at foot of p. 80.*   20 heh: *first* h *slightly smudged
and repeated in inner margin.*   21 Nota bonum *in outer margin.*
22 ⟨h⟩pa: h *interlined with caret.*

p. 82 pinsunge./ forpur-|þed fisiciens 7 licomes leche. Dude spa seint Agathe þe onsperede 7 seiðe to ure lauerdes sonde. þat brohte salue o godes half te healen hire tittes. Medicinam carnalem corpori meo nunquam adhibui. þat is fleschliche medicine ne dude ime neauer. Nabbe ge iherd tellen of þeo þreo hali men. bute þe an pes ipuned for his calde mahe to nutten hate speces. 7 pes ornre of mete 7 of druch þen þe tpa oþere. þah ha peren seke./ ne nomen ha neauer geme pet pes hal pet pes unhal. te eoten ne to drinken. ah nomen eauer fordricht hpet se god ham sende. ne makeden ha neauer strecðe of gin= gipre ne zedual. ne of clops de gilafre. Adai as ha þreo peren ⟨i⟩folen aslepe. 7 bitponen þeos tpa þe þridde þat ich seide. Com þe cpen of heouene 7 tpa maidenes pid hire. þe an as þah hit pere ber aletuarie. þe oþer./ of
p. 83 god asticke. Vre | leauedi pið þe sticke. nom 7 dude iþes anes mud of þe letuarie. 7 þe maides eoden forðere to þe midleste. Nai quod ure leauedi he is his ahne le-che. gað oper to þe þridde. Stoð an hali mon of feor biheold al þis ilke. Hpen sec mon haued an honde þing þat pule don him goð./ he hit mai pel notien. Ah beon þer after se estful nomeliche religiuse nis napt goð icpeme. God an his disci-ples speken of saple lechecraft. ypocras 7 galien of licames heale. þe an þat pes best ileared of iesu cristes lechecraft./ seið þat flesches pisdom is dead of þe saple. Prudencia carnis mo rs. procul odoramus bellum. As iob seid. Spa se dreded flesches uuel ofte ear þen hit cume./ þat saple uuel cumeð þeruppe. 7 pe þolied saple uuel./ forte et sterten flesches uuel as þah hit pere betere./ þolien galnesse brune þene heaued ache oþer gruch-unge of amistohe pombe. And hpeder is betere. |
p. 84 isecnesse to beon godes freo child. þen in flesches heale
(M. 372) to beon þral under sunne./ And þis ne segg ich napt spa þat pisdom 7 mesure ne beon eauer pel ilokeð. þat

6 ɔⁿ.: *all that remains of a note in the outer margin, the remainder having been cropped.* 13 ⟨i⟩folen: i *interlined with caret.* 26 saple: a *smudged and repeated above.* mo rs: *space between* o *and* r *due to tear.* 33 ne: e *smudged and repeated above.*

40 ANCRENE RIWLE

moder 7 norice of alle gode þeapes Ah þe cleopied ofte pisdom þat nis nan for soð pisdom is.' don eauer saple heale bifore flesches heale. And hpen me ne mai napt baþe somed habben.' cheosen eauer licames hurt þene

Nicodemus brought bitter spices, which signify bodily penance
þurh to strong fondunge saple knopunge. Nicoldemus 5 brohte to smurien ure lauerd an hundred peien hit seid of mirre 7 of aloes. þat beoð bitere speces. 7 bitacned bittere spinkes 7 fles-chs pincunge. hundred is ful tale 7 noted perfectiun. þat is ful dede. forto shapen þat me schal ful don fleshes pine. ase forð ase eauer euene mai 10 þolien. iþe peie is bitacned mesure 7 pisdom. þat uch mon pid pisdom peie hept | hpet he mahe don. Ne beo p. 85 he naut spa spiðe agast. þat he forgeme þe bodi. Ne eft se ten-dre of his flec⟨s⟩h.' þat hit ipurðe to untogen 7 make þe gast þeope. Nu is al þis mest iseið of bitter= 15 nesse utepið. Of bitternesse inpið segge pe her sumhpet. for of þeos tpa bitternesses apakened spettnesse her get iþis por⟨l⟩d naut ane in heouene.

The three Maries signify bitterness, but they brought sweet spices
⟨a⟩S ich seide nu riht. þat nichodemus brohte smureles to ure lauerd. Al spa þreo maries brohten deorepurðe 20 aromaz his bodi forto smu-rien. Neomed nu gode geme mine leoue frend þeos þreo marien bitac ned þreo bitter= nesses. for þis nome marie as marah 7 mararith þat ich spec þer uppe of speled bitternesse. þe erste bitternesse is isunne bi reopsunge. 7 ideadbote. hpen se sunful is 25 iturnd earest to ure lauerð. | 7 þeos is to understonden p. 86

Mary Magdalene
bi þe eareste marie. marie magdaleine. 7 mid god richt. for heo muche bireousunge 7 bitternesse of herte hea-uede for hire sunnen. 7 turnde to ure lauerd. Ah for þi þat sum mahte forto muche bitter-nesse fallen in to unhope.' 30 magdaleine þat speleð tures hehnesse is to marie iueied. þurh hpet is bitacned hope of heh merci. 7 of heoue-ne (M. 374)

4 licames : a *altered from* o *and repeated above.* 7 aloes: o *altered from* e *and repeated above.* 14 flec⟨s⟩h: s *interlined with caret.* 18 por⟨l⟩d : l *interlined with caret.* 19 *Space left for two-line initial; guide-letter* a *in inner margin.* 22 bitac ned: *space between* c *and* n *due to hole.* 25 deadbote: o *altered from* e. 26 [i. a]maritudo *in outer margin;* 1. a *cropped.* understonden: r *interlined over* r. 31 marie: e *smudged and repeated above.*

blisse. þe oþer bitternesse is iprestlunge 7 i pragelunge
ageines fondunge. And þeos is bi-tacneð bi þe oþer
marie. Marie Iacobi. for iacob speled prestlare. þis prest≠ Mary the
lunge is ful biter to-monie þat beoð ful forð ipei toparð mother of James
5 heouene. for þe fondunges þat beod þeos deoueles spenges pagget oþerhpiles. 7 moten presten agein pid strong
pragelunge. for as seint austin seið Pharao contemptus
p. 87 surgit in scandalum. hpil eauer | israeles folc pes in egipte
under pharaones hond.' ne ledde he neauer ferde þer
10 þeron. Ah þeo hit flech from him.' þa pid al his strenchþe
pende he þer after. for þi is eauer bitter feht neoð agein
pharaon. þat is agein þe deouel. for as seid ezechiel.
sanguinem fugies. 7 sanguis persequetur te. flih sunne.'
7 sunne pule eauer folegen af-ter. Inoh is iseið þer uppe
15 hu þe gode nis neauer siker. of alle fondunges. Sone se
he haued ouer cumen þat an.' ikepe anan an oþer. þe
þridde bitternesse is ilongunge to pard heouene. 7 i þe
anu of þis porlð. Hpen ani is se hehe þat he haued
heorte reste ononden unþeaues. 7 is as in heouene geaten.
20 7 þuncheð bitter alle porld¦liche þinges. 7 þeos þridde
bitternesse is under-stonden bi marie salomee. þe þridde Mary Salome
marie. for salomon speleð pes. 7 reste of cleane in pit.' |
p. 88 habbet in hare heorte bitternesse of þis lif þat at halt
ham from blisse þat ham longeð to from god þat ham
25 luuieð. þus lo in uch stat. rixled bit¦ternesse. Erst iþe
bi ginungge hpen me sahtneð pid goð. Iþe ford þong of
god lif. 7 iþe leste ende. Hpa se is þenne o godeshalf þe
pilned iþis porld-de eise oþer este?
h neomed nu her geme mine leoue frenð. hu efter After bitterness
30 bitternesse. kimed spotnesse. Bitternesse buð hit. for sweetness of a
(M. 376) as þe godspel telleð. þeos þreo marien bochten spote devout heart
smellinde aromaz þe beod spote is to understonden spot≠
nesse of deuout heorte. þeos maries hit buggeð. þat is
þurh bitternesse me kimed to spotnesse. Bi þis nome

1 ii amaritudo *in outer margin.* 5 fondunges: e *smudged
and repeated above.* 17 iija amar[itudo] *in outer margin;* itudo
cropped. 23 habbet: a *smudged and repeated above.* 29
Space left for two-line initial. 34 Nota *in outer margin.*

marie nim eauer bitternesse. þurh maries bone. pes at
þe neo-ces peater ipent to pine. þat is understonden.
þurh bone of bitternesse þat me dreged for goð.' þe
heorte þat is pattri smechles. ne ne felde nan sauur of
goð na mare þen ipater.' schal ibeon ipent to pin. þat 5
is ifinden smech in him spete | of alle spete pines. for þi p. 89
seið þe pise. Vsque ad tempus sustinebit paciens. 7
postea redicio Iocunditatis. þat is. þe þolemode þolie
bittere ane pile. he schal sone þer after habben geld of
blisse. An anna Itobie seið bi ure lauerð. Qui post 10
tempestatem tranquillum facit. 7 post lacrimacionem 7
fletum exultacionem infun-dit. þat is. Iblessed beo þu
lauerd. þu makest stille efter storm. 7 eafter patteres
geldest bliþe murh-þes. Salomon. Esuriens etiam ama⸗
rum pro du⟨l⟩ce sumet. Gef þu art of hungreð efter þe 15
spete.' þu most erst piterliche biten oþe bittere. In Can⸗
ticis. Ibo michi ad montem mirre. 7 ad colles thuris.
Ich chulle gan ha seið godes deore spuse to rechles hul.
bi þe dun of mirre. Lo hpuch is þe pei to rechles spot-
nesse bi mirre of bitternesse. And eft iþe ilke luue boc. 20
Que est ista que ascendit per desertum sicut uirgula fumi
exaromatibus mirre 7 thuris. Aromaz he maked. of
mirre 7 of rechles. 7 mir-re he set biuoren. 7 rechles
kimed after. Nu mea-ned hire sum. þat ha ne mai hab⸗
ben nane spot¹|nesse of god. ne spetnesse pið innen. 25 p. 90
Ne pundre ha hire naphit. gif hanis marie. for ha hit
mot buggen. pið bitternesse pið uten. Napt pið uch
bitternesse. for sum geð fromard goð. As uch porldlich
sar. þat nis for saule heale. forþi iþe gospel of þe þreo
maries is ipriten þisses peis. Vt venientes ungerent Ie⸗ 30
sum. þeos maries hit seið. þeos bitternesses peren
cominde to smurien-ure lauerð. þeo beoð cominde to
smurien ure lauerð.' þat me þoleð for his luue. þe (M. 378)
strech⟨e⟩d him topard us as þing at is ismureð. 7
machieð him nesche 7 softe to hondlen. 35

14 Esuriens: *second* e *smudged and repeated above.* 15 du⟨l⟩ce:
l *interlined.* 31 bitternesses: *third* e *smudged and repeated
above.* 34 strech⟨e⟩d: *second* e *interlined over an expuncted* i.

(M. 392)   I scheld beoð þreo þinges. þe treo. þat leþer. 7 þe
litunge. Alspa pes iþis schelð. þe treo of þe ro-de. þe
leder of godes licame. þe litunge of his reade bloð. þat
heopede hire so faire. An oþer half. Efter kene cnihtes
5 deð. me hongeð he-he ichirche his schelð on his mune‍‍‍‍‍‍‍‍‍‍‍‍‍‍‍‍‍‍‍‍‍‍‍‍‍‍‍‍‍‍‍‍‍‍‍‍-
gunge. Al'spa is þis schelð. þat is þe crucifix ichirche |
p. 91 iset o spuch stude þer me hit sonest iseoð. forte þenchen
þer bi. o iesu cristes cincht schipe. þat he dude orode.
his lefmon bihalde þer on. hu he bochte hire luue.
10 lette þurlen his schelð openen his side. to schapen hire
his heorte. to schapen hire hu inparðliche he luuede
hire. 7 to of drahen hire heorte.
⟨f⟩opr heaued luuen me iuint. iþisse porlð. Bitpeonen Four kinds of
gode iferen. Bitpeonen men 7 pummen. Bitpenen pif 7 love, and how
                                                     the love of
(M. 394) hire child. Bitpenen licame 7 saple. þe luue þat iesu Christ surpasses
                                                               them all
16 crist haued to his deore leofmon. ouer geð þeos foure.
passeð ham alle. Ne telled me him goð fere. þe leið
his peð igiperie te aquiten ut his fere. God-almichtin
leide him se⟨o⟩lf for us igiperie. 7 du-de his deorepurde
20 bodi to aquiten ut his le⟨o⟩f-mon. igiperie honden.
Neauer fere ne dude spuch fordede for his fere. Muche
luue is ofte bitpenen mon 7 pummon. Ah þah hauere
p. 92 iped¹|ded him. ha mahte ipurþen seo unprest. 7 seo
lon-ge. ha mahte for heoren hire pið oþre men. þet þah
25 a palde agein cumen. he ne kepte hire napt. for þi crist
luueð mare. for þah þe saple his spu-se for hore hire. pið
þe feonde under heaued sunne. feole geres 7 dahes. his
merci is hire eauer gearp. hpense ha pule cumen ham.
7 leoten þe-ne deouel. Al þis he seið þurh. Ieremie. Si
30 dimi-serit vir uxorem suam. 7 Infra. Tu autem fornicata
es cum amatoribus multis. tamen reuertere ad me dicit

1 [Nota] De scuto christi. *in outer margin;* Nota *cropped.*
þinges: e *smudged and repeated above.*   3 reade: *second* e
smudged and repeated above.   9 lefmon: o *smudged and
repeated above.*   13 *Space left for two-line initial; guide-
letter* f *in inner margin.*   Nota de amore. *in outer margin.*
19 se⟨o⟩lf: o *interlined with caret.*   20 le⟨o⟩fmon: *first* o *inter-
lined with caret.*   igiperie: *second* e *smudged and repeated
above.*

dominus. Get he seið al dei. þu þat heauest se unpreste
Idon. bitur þe 7 cum agein. pelcume schal tu beo me.
Immo 7 occurrit prodigo venienti. Get he eorneð he seið
agein hire geincume. 7 par-peð earmes anan abuten hire
spire. hpet is ma-re milce? get her gledful punder. Ne 5
beo nea-uer his leof for hored mid se monie men. 7 dead﹦
lich sunnen. sone se ha kimed to him agein. he maked
hire neope maiden. for as seint austin seið. Spa muche
is bitpenen godes nehunge | 7 mones to pummon. þat p. 93
monnes nehunge mak-ed of maiden pif. 7 god maked 10
of pif maiden. Restituit inquid iob in integrum. Gode
perkes 7 treo-pe bi le⟨a⟩ue. þeos tpa þinges beoð maidhod
in saule. Nu of þe þridde luue. Child þat heauede spuch
uuel þat him bi houede beað of blod er hit pere ihealeð.
muchel þe moder luuede hit þat palde him þis beað 15
makien. þus dude ure leauerd us þe peren se seke of
sunne. 7 spa isu-led þer piḍð. þat na pin ne mihte ne (M. 396)
healen us ne clensen us bute his blod ane. for spa he hit
palde. his luue maked us beað þreof iblesced beo he
eauer. þreo beaþes he greiþede us. for¹te peschen us in 20
ham spo hpit 7 se feire. þat ge peren purðe to his cleane
cluppinge. þat eareste. beað is fullucht. þe oþer. bed
teares. Inre 7 un-tre. Efter þe forme beð gif ha hire
suled. þe þridde is is iesu cristes blod. þat healed ba
þeos oþre. As seint iohan seið iþe apocalise. Qui dilexit 25
nos 7 lauit nos in sanguine suo. þat | he luuede us mare p. 94
þene do ani moder chilð. he hit seið him seolf þurh
ysaie. Numquid potest mater obliuisci filii uteri sui. 7 si
illa obliuisca-tur ego non obliuiscar tui. Mei moder he
seið for-geten hire chilð. 7 þah heo do. i ne mai þe 30
forgeten neauer. And seið þe reisun efter. In manibus
meis descripsi te. Ich habbe he seið depeinte in mine
honden. Spa he dude mið read bloð upe þe rode. Me

1 heauest: *second* e *smudged and repeated above.* 8 Nota
in outer margin. 12 le⟨a⟩ue: a *interlined with caret.* 13 .iij.a
in outer margin. 17 *First* ne: e *smudged and repeated above.*
21 .j.a *in outer margin.* 23 .ij.a *in outer margin* un-tre
sic, for uttre. 24 .iij.a *in outer margin.* 31 Nota *in outer
margin.*

cnut his gurdel te habben þocht of a þing. Ah ure lauerd
for he nalde neauer forgeten us. dude mer-kunge of þur‍
lunge iba tpa his honden. Nu of þe feorþe luue. þe saule
luueð þe licame spiðe mid alle. 7 þat is etsene iþe tuinung.
5 for le⟨o⟩ue frend beod sari hpen ha schulen tpinnen. Ah
ure lauerd pilleliche to tpinnede his saule form his bodi.
forte veien ure baþe te gederes porld buten ende iþe blisse
of heuene. þus leo iesu cristes luue topard his deore
p. 95 spuse. þat is hali chirche | oþer cleane saple. Passeð alle
10 7 ouer geð þe fou're meste luuen. þat me ifint on eorðe.
pið alle þisse luue getten he poheð hire oþisse pise.
⟨þ⟩i luue he seið oþer hit is forte geuen allunge oþer The wooing of
hit is to sullen. oþer hit is to reapen. 7 to neomen pið our Lord
(M. 398) strenchðe. gif hit is to geuen hper mahtu biteon hit
15 betere. þen open me? Nam ich þing feherust. Nam king
richust. Nam ich hest icunned. Nam ich peolie pisest.
Nam ich monne hendest. Nam ich þinge freost.' for spa
me seið bi large mon þe ne con napt at halden. þat
heaued þe honden ase mine beoð i þurleð. Nam ich alre
20 þinge spotest 7 spe-test? þus pid alle reisuns hpi me ahte
geue luue.' þu maht ifinden in me. nomeliche gif þu
luuest chaste clennesse. for nan ne mai luuien me.' bute
ha hire habbe. Gif þi luue nis nopt te geuen. Ah pult
þet me bugge hire. buggen hire.' hu? oþer pið oper luue
p. 96 25 oþer pið sumhpet elles.' Me sulled pel luue for luue | 7
spa me ahte sullen luue. 7 for naþing elles. Gif þin is
spa to sullen.' ich habbe ibocht hit pid luue ouer alle oþer.
for of þe fopr meste luuen ich habbe icuð topard te þe
meste of ham alle. Gif þu seist þu nultu napt leoten þer
30 on se licht chep. ah pult getten mare.' nemne þat hit
schle beon. sete feor iþi luue. þu ne schalt seggen spa
muchel. þat ich nulle geuen þe mare. pultu castles.
pultu kinedo-mes. pultu pelden al þe porlð.' Ich chulle
do þe betere. Makien þe pid al þis cpen of heueriche. þu
35 schalt þe seolf beon seoue fald brichtre þen þe sunne.

3 iiij.a *in outer margin.*   5 le⟨o⟩ue: o *interlined with caret.*
12 *Space left for two-line initial; guide-letter* þ *in inner margin.*
31 schle *sic, for* schule.

Non upel ne schal nahi þe. Na pun-ne ne schal ponti
þe. Na þing ne schal speami þe. Al þi pil schal beon
ipraht. In heouene 7 in eorþe. 7 ge get in helle. Ne schal
neauer heor-te þenchen spuch selehþe. þat ich nulle
geuen for þi luue.' unimeteliche. uneuenliche. unende- 5
liche mare. Al cresoles peole. Absolones schene | plite. p. 97
þat as ofte ase he euesede him salde his euesunge þe her
þat he kerf of for tpa hundred sicles of seoluer. Asaeles
spiftschipe. þat straf pið heortes on urn. Sampsones
strechþe. þe sloch a þusent of his feon. al at atime. 7 10
ane bute fere. Cesares freolec. Alexandres hereporð.
Moyseses heale. Nalde amon for anan of þeos geouen al
þat he ahte? And al þis agein mi bodi. nis napt purh (M. 400)
anelde. Gif þu art spo spi-de anpil. 7 spa spiðe of þi pit.
þat þu þurh napt to leosen. forsakest such bigete. pid 15
alles cun-nes selehþe.' lo ich hal de her atel speord upen
þin heaueð. to dealen lif 7 saule. 7 bisenchen ham ba
into þe fur of helle. to beon þer deo-ueles hore. schen⸗
fulliche 7 seorhfulliche porlð buten ende. Onspere nu
7 pere þe gif þu const a gein me. oþer gette me þi luue. 20
þat ich gir-ne se spiðe napt for min ah forþin ahne mu-
chele neode. |

O þus ure lauerd pohed. Nis ha to hard iheorted þat p. 98
aþulli pohere ne mei to his luue turne? Gif ha uel
þenched þeos þreo þing. Hpet he is. 7 hpet heo is. 7 hu 25
muchel is þe luue. of se heh as he is. topard se loh as
heo is. for þi seið þe spalmpurh-te. Non est qui se
abscondat a calore eius. Nis nan þat mahte at lutien.
þat ha ne mot him luuien. Ge seoð þe sunne iþe under⸗
tið. pes forþi istihen an heh oþe hehe rode.' forte 30
spreaden oper al hate luue glemes. þus neod ful he pes.
7 is iet þis dai te tenden his luue in his leoues heor-te.
And seið iþe gods pel. Ignem veni mittere in terram.

1 Nota *in outer margin.* A *letter erased before the first*
ne. 7 .c.ð. *in outer margin.* 16 hal de: *space
between* l *and* d *due to hole.* 21 gir-ne: g *altered from
another letter.* 23 *Space l eft for two-line initial.* 24 iij.a
in outer margin. 33 gods pel: *space between* s *and* p *due
to hole.*

MS. CAIUS 234/120

7 quid uolo nisi ut ardeat? Ich com he seið te bringen
fur inte eorþe. þat is berninde luue inte eordlich heorte.
7 hpet girne ich elles bute þat hit bleasie? plech luue
is him lað. as he seið þurh seint iohan iþe apocalipse.
5 Vtinam frigidus esses aut calidus. sed quia tepidus es
incipiam te euomere de ore meo. Ich polde he seið to his
p. 99 leofmon. þat þu pere imiluue. oþer | allunge calð oþer
hat mið alle. Ah for þi þat þu art ase plech bitpuhe tpa.'
neoþer calð ne hat.' þu makest me to pleatien. And ich
10 chulle speope þe ut bute þu purðe hattre.
(M. 98) oked nu hu propreliche þe leafdi in canticis godes deore
spuse leared op bi hire sahe.' hu ge shu-len seggen. En
dilectus meus loquitur michi. Surge propera amica mea.
7 cetera. Lop ha seið hercne ich here mi leof speken he
15 cleopeð me imot gan. And ge gan anan richt to opre
deore leof-mon. 7 meaneð op te his earen. þat luueliche
cleopeð op to him pið þeos peordes. Surge propera amica
mea formosa mea. 7 ueni 7 ostende michi faciem tuam.
Sonet uo⟨x⟩ tua in auribus meis. þat is. Aris up. hihe
20 ieorne topard me. 7 cum to me mi culure. mi leofmon.
mi feire 7 mi shene spuse. Ostende michi faciem tuam.
Shap te me þi leoue neb. 7 þi lufsume leor. pent þe from
oþre. Sonet uox tua in auribus meis Sei hpa haueð ido
p. 100 þe. hpa haued ihurt mi | deore. Sing imin hearen. for
25 þi þat þu ne pilnest bute te seon mi plite.' ne speoken
buten te me. þi steuene is me spete. 7 þi plite shene.
Vnde 7 subditur. Vox tua dulcis 7 facies tua decora.
þis beod nu-tpa þinges. þat beod iluued spiþe. Spete
spe-che 7 shene plite. hpa se ham haued te ge-deres.
30 Spucche cheoseð iesu crist.' to leofmon 7 to spuse. Gef
(M. 100) þu pult spuch beon.' ne shap þu namon þi plite. ne ne
leote bluþeliche heren þi speche. Ah turn ba te iesu
crist. to þi deorepur-de spus as he bit þer uppe. As þu
pult þat þi speche. þunche him spete. 7 þi plite shene.
35 7 habben him to leofmon. þat is þusent falt shenre þen
þe sunne.

11 *Space left for initial.* De amo[re] purro *in outer margin;
missing letters cropped.* 19 uo⟨x⟩: x *interlined over an expuncted* s.

48 ANCRENE RIWLE

Our Lord's rebuke to the anchoress who does not guard her senses

Ercned nu geornliche mine leoue freonð Al an oþer
pise 7 frommarð þis earre. Her-kned hu iesu crist
speked as opradþe. 7 seið as o grom hoker. 7 oscarn.
to þe ancre. þat shulde beon his leofmon 7 secheð þah
ut¹parð gealunge 7 froure. pid ehe oþer pið | tunge. In 5 p. 101
Canticis. Si ignoras te pulcra inter mu-lieres.' egredere
7 abi post uestigia gregum tuorum 7 pasce edos tuos
iuxta tabernacula pastorum. þis beod þe peordes. gif þu
ne cnapest nout þe seolf feir bi mong pummen. pend ut
7 ga after gate heorden. 7 lesue þine tichenes bi heorde- 10
mone hulen of ris 7 of leapes. þis is acruel pord. agrim
pord mid alle. þat ure la-uerd seið ase agrome. 7 o scarn
to totinde 7 te hercpille ancres. Hit is bilepped. 7 bihud
ah-ich hit pule unfalden. Neomeð nu gode geme. Gef þu
ne cnapest þe seolf he seid ure lauerð þat is. Gif þu nast 15
napt hpas spuse þu art. þat þu art cpen of heouene. gef
þu art me treope as spuse ah te beonne. gif þu þis ha-uest
forgeten. 7 tellest herto lutel.' pend ut 7 ga he seið
hpider ? Vt of þis hehshipe of þis muchele menske. 7
feolege heorde of geat.' þat beod fleshes lustes. þat 20
stinked ase geat. dod bi foren ure lauerð. gif þa heauest
forge-|ten nu þi purðfule leafdi schipe. Ga 7 feolege þeos p. 102
geat. feolege flesches lustes. Nu kimeð þer after. And
lesepe þine tichenes. þeos tichchenes beod þine fif pittes.
lesepe þine tichenes. þat is. as þah he seide. fed þine 25
ehnen pid ut totinge. þi tunge pid chaflunge. þine earen
pid spellun-ge. þi nease pid smellunge. þi flesh pid softe
fe-lunge. þeos fif pittes he cleoped tichenes. for al-spa
as of atichen. þat heaued spete flesh kimed a stinkinde
gat. oþer a ful bucke.' Al rich al spa of a gung spete (M. 102)
locunge. oþer of a spote he-runge. oþer of a̠ṣpọṭẹ softe 31
felunge paxeð astinkinde lust.' 7 aful sunne. Hpeder ei
totin-de ancre fondede eauer þis.' þat beakede eauer
utpard as untoge brid icage ? Hpeder þe cat of helle
clachte eauer topard hire heorte hea-ued ? Ge soþes 7 35

1 Space left for two-line initial. 4 A letter (b?) smudged
between shulde and beon. 24 [v]. sensus in outer margin;
most of missing figure cropped. 32 Nota in outer margin.

MS. CAIUS 234/120

droch ut al þat bodi eafter. pið crokes of crokede 7 kene fondunges. 7 make¹de hire te leosen baðe goð an mon.
p. 103 pid brad | schome 7 sunne. 7 birefde hire at an clap þe eorðe 7 ec þe heouene. Inoh sari lure. te praþer hea-le
5 beakede spa ut ancre. Egredere he seið o grome. Ga ut as dude dina Iacobes dochter to upelleer hele. þat is te seggen lef me 7 mi confort þat inpid þe brest. 7 ga sech pið uten þe porldes frakele froure þet schal eauer en-den isar 7 iseorhe. Tac þerto 7 lef me. hpen þe spa is leouere.
10 for neschal tu nanes peis þeos ilke tpa conforz min 7 þe porldes. þe ioie of þe hali gast 7 þe fleshes froure habben te¹ gedere. Cheos nu an of þeos tpa. for þat oþer þu most leoten. O pulcra inter mulieres. Gef þu ne cnapest þe seolf feier bimong pummen ge do nu herto þerto. þat
15 salt gif þu pel pult elles hper beon feir. napt ane bi mong pummen. ah bi mong engles. þu mi purdli-che spuse seið ure lauerð. Shalt tu foli⟨h⟩en geat ofelð? þat beoð
p. 104 fleshes lustes. felð | is pilles breade. Shaltu oþisse pise folehi geat geont þe felð.' þe schuldest iþin heorte bur
20 bi-seche me cosses as mi leofmon þat seið to me i þat luue boc. Osculetur me osculo oris sui. þat is. Cusse me mi leofmon pið cos of his mud muþene spetest. þis cos leoue frend is aspet-nesse 7 adelit of heorte se unimete spote. þat uches porldes sauur is bitter þer to geines. Ah
25 ure lauerd pid þis cos ne cusseð na saule.' þe luued ani þing buten him. 7 þe ilke þin-ges for him. þet helped him to habben. And þu þenne godes spuse þat maht heren her biuoren hu speteliche þi spus speked. 7 cleoped
(M. 104) þe to him se luueliche þerefter.' hu he pent þe lof 7 speked
30 spiþe grimliche. gif þu ut pendest. halt þe iþi chambre. ne fed tu nopt pid uten þine gate tichenes. Ah hald pid innen þin hercnun-ge. þi speche 7 þi sichþe. 7 tun feste
p. 105 hare | geaten. Mud. 7 ehe. 7 eare. fornapt ha beoð

4 sari: a *smudged and repeated above.*   6 upelleer: *second* e *small and faint and repeated in inner margin.*   13 *A letter erased before* leoten.   17 foli⟨h⟩en: h *interlined with caret.* 18 felð: e *smudged and repeated above.*   campus *in outer margin.*   28 Nota *in outer margin.*   31 ne: e *smudged and repeated above.*

A 9200   E

50 ANCRENE RIWLE

bilo-kene inpid þah oþer pal.' þe þeos geaten openeð buten
agein godes sonde. 7 liueneð of saule. Omni custodia
custodi cor tuum. Ouer alle þing þenne ase salomon þe
læreð. 7 ich seide feor biuoren iþe frumþe of þis dale
mine leoue frend.' piteð oure heorte. þeo heorte is pel 5
ilo-keð. gif mud. 7 ehe. 7 eare.' pisliche beon ilo-keð.
feor heo as ich seide þear beod þe heorte pardeins. And
Gif þeo pardeins pendeð ut.' þat ham bið pist uuele. þis
beod nu þreo pit-tes. þat ich habbe ispeken of.

Eight reasons for leaving the world:

⟨h⟩Erkneð nu reisuns hpi me ah fleon þe por-ld Ahte (M. 164)
at þe leste. Ich ham segge s⟨h⟩eort liche neomeð þe 11

I. Safety betere geme. þe forme is þe siker-nesse. Gif a poð leon
urne geont þe strete. Nalde þe pise bitunen hire sone ?
Anð seint peter seið. þat helle leon rengeð 7 reccheð |
eauer abuten forte sechen in geong. saule for-te for 15 p. 106
spolehen. 7 bit us te beon paker 7 bisie in hali beoden
leste he us lecche. Sobrii estote 7 vigilate quia aduer⸗
sarius uester diabolus tanquam leo ru-giens circuit
querens quem deuoret. þis is seinte pe-ters porð.' þat
ich ear seiðe. forþi beoð ancren pise þat babbeð pel 20
bitunðham agein helle leon forte beon sikere.

II. The fragile nature of virginity

E oþer raisun is. þe bere a deore liqur. A derepurþe
pet as basme is in a feble petles Healepi ibruchele glas.
Nalde ha gan ut of þrung bute ha fol pere ? þis bruchele
fetles þat is monnes flesh. Apostolus. Habemus thesau⸗ 25
rum istum in uasis fictilibus. þah noþelater. þe basme
þe halepi is maidhað. þat is þar in. oþer efter maidlure
chaste clennesse. þis bruchele fet-les. bruchel as is eni
gles. for beo hit eanes to broken. ibet ne bið hit neauer.
ibet ne ihal.' | Ase hit ear pes na mare þenne glas. Ah 30 p. 107
get hit brekeð mið lasse þen bruchel glas do. for glas ne
te brekeð napt buten sum þing hit rine. 7 hit anont
maidlure. mai leosen his halnesse. pið astinkinde pil

10 *Space left for two-line initial; guide-letter* h *in inner margin.*
De contemp[tu] mundi. raciones *in outer margin; missing letters cropped.*   11 s⟨h⟩eort: h *interlined with caret.*   Prim[a] *in outer margin; missing letter cropped.*   20 babbeð *sic, for* habbeð.   pel: e *smudged and repeated above.*   22 *Space left for two-line initial.*   secunda. *in inner margin.*

spaforð hit mai gan. 7 lesten spo longe. Ah þis manere
bruche mai beon ibet. Eft ase hal allunge as hit pes
earhalest. þurh medecine of shrift. 7 þurh bi reopsunge.
Nu þe preoue þer of Seint Iohan. Euuange-liste. Nefde
5 he brude ibrocht ham? Nefde he iþocht þa gif god
(M. 166) neafde ilet him maið-had te for leosen? Seðþen þah nes
he maiden neauer þe un halre. Ah pes maiden bitacht
maiden te pitene. Virginem uirgini commenda-uit. Nu
as ich segge þis dearepurde healepi ibruchel fetles is
10 maiðhad. 7 clennesse in oper bruchele flesh. bruchelure
þen ani gles. þet gif ge peren iporlddes þrung pið alutel |
p. 108 hurlinge ge mahten al leosen. Ase þe preches iþe porld.
þe hurled te geoderes. 7 breokeð hare fetles 7 clennesse
shedeð. forþi ure lauerð clepeð þus. In mundo pres*
15 suram in me autem pacem habebitis. Leaueð þe porlð
7 cumeð to me. for þer ge schulen beon iþrungen ah
reste 7 pes is in me.

E þridde raisun of þe porldes flucht is þe bige-te of III. To obtain
heouene. þe heouene is spide heh. hpa se pule bi geoten heaven
20 hit. 7 areachen þerto: him is lutel inoch forto porpen al
þe porlð under his fet. for þi alle þe halegen makeden
of al þe porlð as asheomel to hare fet te arechen þe
heouene. Apostolicus. Vidi mulierem amictam sole 7
luna sub pedibus eius. þis is seint iohanes pord. Euuan*
25 geliste iþe apocalipse. Ich isech apummon ischruð mið
þe sunne. 7 under hire fet þe mone. þe mone poneð 7
paxeð 7 nis neaper studefast. 7 bitacneð forþi porldliche
p. 109 þinges. þe beod as | þe mone eauer ichange. þesne mone
mot þe mon halden under his fet: porldliche þinges te
30 treoden 7 for hohien þe pule heouene a-reachen. 7 beon
þer ishruð mið þe seoðe sunne.

⟨þ⟩E feorþe reison is preoue of noblesse 7 of largesse. IV. Renuncia-
Noblemen 7 gentile. ne beored nane packes. ne ne fared tion of wealth
(M. 168) itrusseð pid trusses ne pid purses. Hit is beggilde richt shows nobility

2 ase: a *smudged and repeated in inner margin*. 4 Nota *in
inner margin*. 18 *Space left for two-line initial*. tercia. *in
inner margin*. 31 Quarta *in outer margin*. 32 *Space left for
two-line initial; guide-letter* þ *in inner margin*.

52 ANCRENE RIWLE

te beo-ren bagge on bac. Burgeise te beoren purs. Naut godes spuse þe is lefdi of heouene. Trusseles. 7 purses. baggen 7 packes beoð porldliche þinges. Alle eordliche peolen 7 porldliche rentes.

V. Liberality ⟨þ⟩E fifte raisun is. Noble men 7 pummen ma-kieð 5 large relef. Ah pha mai makien lar-gure. þene þe oþer þeo þe seið pið seint pe-ter. Ecce nos reliquimus omnia 7 secuti sumus te. Lauerð forte folehi þe pe habbeð al bi lea-ueð. Nis þis large relef. nis þis muchel | leaope. p. 110 Mine leoue freonð. kinges 7 kaisers. habbeð hare 10 liuenað of oper large relef. þat ge ileaueð habbeð. Lauerd forte feolehi þe. pe habbed al bileaueð. As þah he seide pe schu-len feoligi þe iþi muchele genterise of þi largesse. þu lefdest to alle men. 7 makedest of al relef. 7 leoue se large. þat pulleð foli¹hin þe. pe pullen don al spa 15 leauen al as þu-dudest. folehi þe on eorðe iþet 7 in oþer pat. forte folihi þe ec into þe blisse of heouene. · And þer get oueral folihi þe. hpudepard se þu eauer pendest. As nane ne mahen buten ane maidenes. Hii secuntur agnum quocumque ierit. Quocumque ierit. Vtroque. scilicet. 20 pede. id est. integritate cordis 7 corporis.

VI. Fellowship with Christ E seste reisun is. hpi ge habbeð þe porlð i-flohen. familiarite. Muchel cudþradden. forte beon priue pið ure lauerð. for þus he seið bi Osee. Ducam te in solitudi* nem. 7 ibi | loquar ad cor tuum. Ich chulle leaden þe 25 p. 111 he seið to his leofmon. into anlich stude. 7 þerich chul-le luueliche speoken te þin heorte. for me is lad presse. Ego dominus 7 ciuitatem non ingredior.

VII. To see God ⟨þ⟩E seoueþe resun is forte beo þe brichtre 7 bricht* (M. 170) luker seon in heouene godes brichte nebsheft. for ge beoð 30 iflohen þe porld. 7 hudeð op for hire her. get þerteken. get þerteken þet ge beon spifte as þe sunne glem. for ge beoð pið iesu crist bi tund as isepulcre. bibarreð as he pes oþe deore rode. as is iseid þeruppe.

4 Quinta *in outer margin.*   5 *Space left for two-line initial;* guide-letter *þ in inner margin.*   21 Sexta *in inner margin.*   22 *Space left for two-line initial.*   28 ingredior *sic, for* ingrediar. Septi[ma] *in outer margin; missing letters cropped.*   29 *Space left for two-line initial; guide-letter þ in inner margin.*   34 .viij.a *in outer margin.*

MS. CAIUS 234/120   53

⟨Þ⟩E eahtuþe raisun is te habben cpuic bone. 7 lokeð   VIII. Fervency
ieorne þaruore. þe eadmode quene hester. þe bitacned   of prayer typified by
ancre for hire nome seið ihud on englisse leodene. as me   Esther
red on hire boc. ha pes þe king assuer ouer alle icpeme.
5 7 þurh hire bone arudde of deaþe al hire folc. þat pes
to dead idemed. þis nome assuer is ispeled eadi as ich
p. 112 ear seide. 7 bitacned | god eadi oper alle. He gette ester
þe quen þat is þe treoue ancre. þat is richt ester. þat
is richt ihuð. he hereð 7 getteð hire alle hire benen.
10 And sapueð þurh ham muchel floc. Monie beon for loren.
þat beoð þurh þe ancre benen iborehen. as peren þurh
esteres. for hpon þa ha beo ester. 7 halde hire hase heo
dude. Mardocheus docter. Mardocheus ispeleð. amare
conterens impudentem. þet is. bitterliche te treodinde
15 þene sheomele-se. Scheomeles is þe mon þe seið eni
uncuþe oþer deð biuoren ancre. Gif ani þah do spa. 7
heo breoke bitterliche. his untoge pord. oþer his fol
deade. tetroden ham anan richt. pið unpurd tellunge.
þenne is ha hester mardo-cheus dochter. breokinde þene
20 scheomelese. Bitterluker ne betere ne mai ha ham neauer
breoken þen is itacht þer uppe. pið. Narrauerunt michi
iniqui fabulaciones. Oþer mid þis uers. Decli-nate a me
p. 113 maligni. 7 scrutabor mandata dei mei. | penden in pard
anan toparð hire peouede. 7 hal-den hire at hame. As
25 hester þe ihudde. Semei in regum hefde dead of serueð.
(M. 172) Ah he criede merci 7 salomon for gef hit him. þah þurh
spuch a foreparð. þat he at hame heolde him iierusalem
as he punede. 7 hudde him in is huse. gif he ohpuder
pende ut spuch pes þe forepard. þat he pere þer after to
30 deað idemeð. he þah brec foreparð þurh is unselehþe.
His þrelles flu⟨h⟩en him. 7 etbreken ut. 7 folehede ham.
pende ut efter ham. Hpetpultu mare. pes sone for-preid.
to þe king salomon. 7 for þe foreparð ibroken pes for-
dememeð to deaþe. Vnderston-deð georne þis mine

1 *Space left for two-line initial; guide-letter* þ *in inner margin.*
7 ester: *second* e *smudged and repeated above.*   24 Nota *in outer margin.*   31 flu⟨h⟩en: h *interlined.*   34 dememeð *sic, for* demeð.

54 ANCRENE RIWLE

Shimel be-tokens the anchoress who does not rule her senses

The seven deadly sins and their whelps

leoue frenð. Semei bitacneð þe ut parde religius. Naut
hester þe ihudde. Semei seið audiens. þat is herin-de on
hure leodene. þat is þe religius þat haued asse earen.
longe te heren feor. þat is herinde hester ut runes.
Semeis stude | pes i ierusalem. þat he shulde huden him. 5 p. 114
gif he pol-de libben. þis porð Ierusalem speleð shidþe
of pes. 7 bitacneð religius. por þer inne ne þarf he iseon
buten pes ane. Ne beo semei. þat is þe religius spa spide
for gult topard þe soþe salomon. þat is ure lauerd. halde
hire at hame i ierusalem. þat he naphit pite of por-des 10
baret. Salomon getted hire bliþeliche his are. Ah gif he
entremeted him of þin-ges pid uten mare þen he þurfte.
7 his heor-te beo utepið. þah a clot of eorðe. þat is hire
licome. beo ⟨in⟩pid þe fif pahes.' ha is ipent pid semei ut
of ierusalem alspa as he dude efter his þrelles. þeos 15
þralles beoð þe fif pittes þe sholden beon at hame. 7
serpen hare leapedi. þenne serued ha pel hire lauedi.
hpen ha noteð ham alle in hire saule neo-de. hpen þe ehe
is iþe boc. oþer o sum oþer god. þe eare to godes pord.
þe muð in hali | bonen. Gif ha pit ham uuele. 7 let ham 20 p. 115
þurh gemeles et fleon hire seruise. 7 fole-hin ham ut
parð pið hire heorte. as hit bi-ualleð eauer mest. þat
gan þe pittes ut þe heorte get ut after. and breked (M. 174)
salomo-nes foreparð pið þe unseli semei 7 is to dead
idemed. 25
⟨b⟩i þisse pildernesse pende ure lauerdes folc as exode (M. 196)
telleð. to pard þe eadi burch of ierusalem. þat he ham
heauede bi heoten. And gei mine leoue frend pen-ded bi
þat ilke pei to pard þe hehe ierusalem. þe kinedom þat (M. 198)
he haued bi ha-ten his icorene. Gad þah ful parliche. for 30
iþis pildernesse beod uuele bestes monie. Leon of prude.
Neddre of attri-onde. Vinicorne of pradde. Beore of heui
slauþe. Vox of gissunge. Suhe of giuernesse. Scorpiun

4 hester *sic, for* efter. 13 eorðe: *second* e *badly formed, expuncted and repeated above.* 14 ⟨in⟩ *interlined over an expuncted* ute. 22 mest: e *smudged and repeated above.* 26 *Space left for two-line initial; guide-letter* b *in inner margin.* 32 Vinicorne *sic, for* Vnicorne.

p. 116 þid þe tail | of stinginde lecherie. þat is galnasse. Her
beoð nu a reupe itailede þe seouen heaued-sunnen.
E liun of prude haueð spiðe monie. hpelpes. 7 ich The Lion of Pride
chulle nempni summe. Vana gloria. þat is hpa se let pel
5 of ei þing þat he deð. 7 palde habben pord þar of. 7 is
pel ipaied gif ha is ipaieð 7 ipraised. mis paied gif ha
nis itald spuch as ha palde. An oþer is. Indignacio. þat
is þe þuncheð hocherlich of ani þing. þat ha sið bi oðre.
oþer hered. 7 for hohegeth c⟨h⟩astiement. oþer ei laheres
10 lare. þe þridde hpelp is ipocresis. þe maked hire betere
þen ha is. þe feorþe is presump¹cio. þe nimed mare an
hond þen ha mai-oþer cumen. oþer entremeted hire of
p. 117 þing. þat to hire ne falleð. þe fifte | hpelp hatte in
obedience. þat child þat ne buhed aldren. Vnderling his
15 prelat. pa-rochien his pre⟨o⟩st. Maiden hire dame. Lah-
re euch his herre þe seste. is Loquacitas þeo feded his
hpelp þe is of muchel speche. gelped demed oþere.
Li⟨h⟩eð oþer hpile. gab-bed. Vpbreideð. chided fikeled.
stureð lah-tre. þe seopeþe is blasphemie. þis hpel-pes
20 nurice is þe spered greate oþes. oþer bitterliche curseð.
oþer mis seið bi goð oþer bi his halehen for ai þing þat
he þoleð. sid oþer hered. þe eahtuþe is. Inpa-ciencia.
þis hpel ha ved þat nis þolemoð a geines alle pohes. 7 in
alle upeles. þe niheþe is contumace. 7 þis fet hpa se is
25 anpil iþing. þat ha haued under¹nume forto donne. beo
hit god beo hit uuel. þat na pises monnes red ne mai |
p. 118 bringen hire ut of hire riote. Monie oþer þer beod þat
(M. 200) cumed of peole of punne. of heh cun. of feir clað. of pit
of plite. of strengþe. of heh lif paxed prude 7 of hali

3 *Space left for initial.* ja *in inner margin.* 7 .ij.a *in
inner margin.* 9 c⟨h⟩astiement: h *interlined with caret.* 10
.iij.a *in inner margin.* 11 .iiij.a *in inner margin.* 13 .v.a
in inner margin. At foot of p. 116 *in a smaller, late thirteenth-
century, hand*:
Ecce nitor carnis. corupcio. gloria carnis.
Putredo. carnis gaudia verme fluunt.
15 pre⟨o⟩st: o *interlined with caret.* 16 .vi.a *in outer margin.*
18 Li⟨h⟩eð: h *interlined with caret.* 19 .vij.a *in outer margin.*
22 .viij.a *in outer margin.* 23 hpel *sic, for* hpelp. 24 .x.a
in outer margin.

þeapes. Monie ma hpelpes þen ich habbe ineminneð.′ haued þe leon of prude. Ah abuten þeose studied pel spiðe. for ich ga lichtliche ouer.′ ne do bute nemne ham. Ah ge eauer ihper hper ich ga spide forð.′ leaued þer lengest. for þer ich feþeri on a pord oþer tene oþer 5 tpeolue. Hpa-se haued eni unþeu of þeo þet ich habbe ear inempned oþer ham iliche.′ ha haued prude sikerliche huse eauer hire curtel beo ishepeð oþer ishopeð. ha is þe leo-nes make. þat ich habbe ispeken of. 7 fet his pode hpelpes inpid hire breste. 10

The Serpent of Envy   E neddre of attri onde. haued seoue cundles. Ingrati=tudo. þis cundel bred hpa | se nis icnopen of goddede. p. 119 Ah telled lutel þer of. oþer forgeted mid alle. Goddede ich seg-ge. napt ane þat mon ded him. Ah þat god ded him. oþer hapied idon him. oþer him oþer hire. Magen 15 ha understonden gif ha-pel biþohten. of þis unþeau ⟨me⟩ nimed lu-tel geme. 7 is þah of alle an laþest goð. 7 mest agein his grace. þat oþer cundel is rancor. siue odium. þat is heatunge oþer great heorte. þat bret hit in heorte al-is attri te goð þat ha eauer purcheð. þe þridde cundel 20 is of þunchunge of oþe'res god. þat feorþe is lahen oþer gab-ben gif him mis timed. gledschipe of his uuel. þe fifte.′ preiunge. þe seste.′ bacbi-tunge. þe seoueþe.′ up=brud. oþer scarnun-ge. hper as ei of þeos pes.′ þer pes þe cun-del o þer þe alde moder of þe attri neddre of onde. | 25

The Unicorn of Wrath   E unicorne of pradde þat bered on his n⟨e⟩ase þe horn p. 120 þat he asneseð pid al þat he areached.′ haued six hpelpes. þe eareste is chast oþer st⟨r⟩if. þe oþer is podschipe. þe þridde schendful prude. 7 ubburd. þe feorþe is pariunge. 29 þe fifte is dunt. þe seste.′ pil þat him uuele bitidde. (M. 202)

4 Ah: h *smudged and repeated in outer margin.*   6 þet: þ *smudged and repeated above.*   11 *Space left for two-line initial.* 15 hapied: a *smudged and twice interlined over* a; pi *altered from* u. 16 ⟨me⟩ *interlined over an expuncted* ine.   18 .ij.a *in outer margin.*   19 borug *in outer margin.*   20 .iij.a *in outer margin.*   21 .iiij.a *in outer margin.*   26 *Space left for two-line initial.*   n⟨e⟩ase: *first* e *interlined with caret.*   28 st⟨r⟩if *altered from* frif *by the change of* fr *to* st *and the insertion of* r *above the line;* strif *repeated in outer margin.*

MS. CAIUS 234/120 57

oþer on him seolf oþer on his fre⟨o⟩nd. oþer on his eahte.
E beore of heui slapde haued þeose hpelpes. Torpor is The Bear of þe forme. þat is plech heorte. þat shulde leiten lei of Sloth
5 luue of ure lauerd. þe oþer is. pusillanimitas. þat is to poure heorte. 7 to erh mid alle ei heh þing to under neomen in hope of godes help. 7 itrust of his grace.' naut of hire strengþe. þe þridde is cordis grauitas. þis heaued þat purched god. 7 ded hit þah mid a dead 7 mid an
10 heui heorte. þe feorþe is idelnesse. hpa se stunt mid alle.
p. 121 þe fifte is heorte gruchunge. þe | seste.' is a dead seorge for lure of ani porld ᴵlich þing. oþer for ani unþonc. buten for sunne ane. þe seoueþe is gemeles shipe oþer to seggen. oþer to don. oþer to seon bi-poren. oþer to þenchen
15 eafter. oþer mis piten ani þing þat ha haued to gemen. þe eahtuþe is unhope. þis Leaste beore hpelp is grimmest of alle. for he te cheped 7 te fret godes milde milce. 7 his muchele merci. 7 his uni mete grace.

⟨þ⟩E fox of giscunge haued þeose hpelpes. Tricherie The Fox of
20 7 gile. þeofþe. Reaflac. pite 7 herrure strencþe. fals⹀ Covetousness
pitnesse. oþer aderne symonie. Gauel. oker. festshipe prinshipe. of geoue oþer of lane. Monslachd oþer pile. þis unþep is to fox for moni reisun ieuened. Tpa ich pule seggen. muchel gile is in fox. 7 spa is in gissunge.' of
25 porldliche bigete. An oþer þe fox apu-ried al þe floc þah
p. 122 he ne mahe buten | an ferliche forsholegen. Alspa gissed a-gissere. þat þet monie men mahten bi flutten. Ah þah his heorte berste.' ne mai he bruken on him seolf buten annes monnes dale. Al þat mon pilned more oþer pum⹀
30 mon. þen ha mai gne-deliche leaden þet lif bi uch after
(M. 204) he-is.' al Is gissunge. 7 rote of deadlich sunne. þat is

1 fre⟨o⟩nd: o *interlined with caret.*   3 *Space left for two-line initial.*   .j.a *in inner margin.*   5 .ij.a *in inner margin.*
8 .iij.a *in inner margin.*   10 .iiij.a *in inner margin.*   11
.v. *in inner margin.*   .vi.a *in outer margin.*   13 .vij.a *in outer margin.*   16 .viij.a *in outer margin.*   Leaste: L *altered from* j.
19 *Space left for two-line initial; guide-letter* þ *in inner margin.*
23 Nota *in outer margin.*   26 forsholegen *sic, for* forspolegen.
31 Nota *in outer margin.*

richt religiun. þat uch efter his stat borhi of þis frakele
porlŏ se lutel se he lest mai. of mete. of claŏ. of eahte.
of alle hire þinges. Noteŏ þat ich segge. uch efter stat.
for þat pord is ipeþereŏ. ge mahen piten in mo-ni porŏ
muchel strechþe. þenched lon-ge þer abuten. 7 bi þat 5
an pord un-derstonden monie. þat limped þarto. for if
ich shulde al priten hpenne come hit to ende ?

The Swine of   E suhe of giuernesse haued gris | þat þus beod inem‑ p. 123
Gluttony neŏ. To earliche hatte þat an. þat oþer to esteliche.
þat þridde to frachliche. þat feorþe hatte to muchel. þat 10
fifte to ofte. Idruch more þen ime-te beos þeos gris
ipostreŏ. Ich speoke sheort-liche of ham þah seore ich
am adred þat to feole of ow esteliche ham feden.

The Scorpion   ⟨þ⟩E scorpiun of lecherie þat is of galnesse. haued
of Lechery spucche cundles. þat in a pel itoge muŏ. hare summes 15
nome ne sit napt pel to nemnen. for þe nome ane mahte
hurten alle pelitogene earen. 7 fulen cleane heorten. þeo
þat me mai nempnin. þe no¹men þat me cnaped pel. 7
beod mare harm is monie al to cuþe. Horedom. Eap‑
bruche. Maidenlure. 7 incest þat is bituhhen sibbe. 20
fleshliche oþer gastliche. þat is ifole idealed. ful pil to
þat fulþe pid skiles gettunge. oþer helpen þiderpard. Beo
peote 7 pit-nesse þer of. hunten þer after pid po-|hunge. p. 124
piŏ toggunge. oþer piŏ ani tollunge. pid gigge lahtre.
hore ehe. pid ani lihte lates. pid igeoue. pid tollinde 25
porŏ. oþer piŏ luue speche. Cos vnhende. Grapunge (M. 206)
þat is heaued sunne. Luuien tide oþer stude forto cumen
in spuch cast. 7 oþer forridles þat me mot for buhen. þet
iþe muchele Leifen nule fenliche fallen. As seint austin
seiŏ. Omissis ocasionibus que solent aditum aperire 30
peccatis potest consciencia esse incolums. þat is hpa se
pile hire inpit piten hal an fere.ː ha mot fleon þe forridles
þat beod ipuned ofte te openen þen in gong 7 leoten in
sunne. Ich ne dar nempnen þe uncundeliche cun dles

8 *Space left for initial.*   13 feden: *second* e *smudged and
repeated above.*   14 *Space left for two-line initial; guide-letter* þ
in inner margin.   31 incolums *sic, for* incolumis.   32 ha
altered from three other letters.   34 cun dles: d *erased after* n.

MS. CAIUS 234/120 59

of þis deoueles scor-piun attri itail ⟨d⟩e. Ah sari mai
ha beon þat buten fere oþer pid haued ifed cundel spa
of hire galness e. þat ich ne mai for sheo-me þar of
speo ken. ne ne dar for drede. lest sum leorni mare ḥuuel
5 þen ha con.׳ 7 þer of beo itemp teð. Ah þenche euch
p. 125 of hire | ahne apariede fundles in hire galnesse. for hu
se hit eauer is icpent pakinde 7 pilles pið fleshes licunge
buten ane ipedlac.׳ hit is dead-lich sunne. Culche hit
ischrift ut vtterliche as ha hit dude. þe ifeleð hire shuldi
10 for iguhede me ded vunder. Oþer ha is idemed þurh þe
fule brune cpench. to þe eche fur of helle. þe scorpiunes
cundel. þat ha bret in hire bosm shake hit ut pid schrift
7 slea pid deatbote.
Noch is edscene hpi ich habbe ieuened prude to leon.
15 Onde to neddre. And of alle þe oþre pid uten þis laste.
þat is hpi galnesse beo to scorpiun ieueneð. Ah lo her
þe skile þerof sutel 7 escene. Scorpiun is a cunnes purm
þat haued neb as me seið sumdel ilich pummon. 7 neddre
is bi hinden. Maked feir semblant. 7 fiked mid þet
20 heaued. 7 stinged pid þe tai-le. Salomon. Qui appre⸗
hendit mulierem quasi qui apprehendit scorpionem. þat
is lecherie. þis is þes deoueles best. þat he let to chepinge. |
p. 126 Anð to uch gederunge. 7 cheped forto sellen. 7 bi
spiked monie. þurh þat hane bihalded napt buten þat
25 feire heaued. þet heaued is þe bi-ginnunge of galnesses
(M. 208) sunne. 7 þat likunge hpil þat hit last. þat þunched shiþe
spote. þe tail þat is þe ende þer of is sar of þunchunge.
7 stingit pid atter of bitter bi reusunge. 7 of deatbote.
And seli liche ha ma seggen. þat þe tail spuch ifindeð.
30 for þat atter ageað. Ah if hit ne suhed her.׳ þe tail 7 þe
attri ende. is þe eche pine of helle. Ah nis he fol chapmon
þat hpen he pule buggen hors oþer oxe.׳ gif he nule bi
halden buten þat heaued ane ? for þi hpen þe deouel

1 itail ⟨d⟩e: d *interlined; space between* l *and* d *due to tear;* ð
partially erased after e. 3 galness e: *space between* s *and* e *due
to tear.* 4 speo ken: *space between* o *and* k *due to tear.* 5 itemp
teð: *space between* p *and* ̇t *due to tear.* 14 *Space left for two-
line initial.* 25 Nota *in outer margin.* feire: r *smudged
and repeated above.* 26 shiþe *sic, for* spiþe.

beoded ford þis best. beot hit to sullen. 7 bit þi saple
þer fore.' he hut eauer þe tail. 7 shaped ford þat heaued.
Ah þu ga al abuten. 7 shap þen ende ford mid al.' hu
þe tail stinkeð. uel stingeð. 7 spiþe flih þer frommarð
ear þu beo iattred. 5
All sins may be us mine leoue frend iþe pildernesse þat ge | gat in pid p. 127
traced to one
of the Seven godes folc topard ierusalemes londe þat is þe riche of
heouene.' beod sulliche bestes þulliche purmes. Ne nat
ich nan sunne þat ne mai beon ilad. oþer to an of ham
seoluen oþer to hare streones. Vnstaþelfast bilea-ue. 10
agein hali lare. nis hit of prude inobedien-ce ? Herto
falled sigaldren. false teolunges. Lefunge o nore. o
spefne. 7 alle picchecraftes. Neominge of husel in ei
heaued sunne. oþer ai oþer sacrement. nis hit spece of
prude ? þat ich cleopede presumpciun. gif me þat hþat 15
sun-ne hit is. Gif me hit nat naut.' þenne is hit gemeles
vnder accidie. þat ich slauþe cleo-pede. þe þat ne parned
oþer of his uuel. oþer of his bigete. nis hit slap gemeles
oþer attri onde ? To theheþen mis. et halden quide.
fundes oþer lane. nis þis giscunge ? þeofþe. at halden 20
oþeres hure ouer his rich-te terme. nis hit strong reflac.
þat is under gissunge.' gif me gemed purse ai þing | ilened. p. 128
oþer bitahted te pitene þen he pene þat hit ah. nis oþer
tricherie. oþer gemeles of slau-þe.' Alspa is dusi hest.
oþer folliche iplicht trouþe Longe beon un bischbed. 25
falsliche gan to schrifte. oþer to longe abiden. Ne (M. 210)
teachen god child pater noster. Ne Credo. þeos 7 alle
þulliche. beod ilad to slauþe. þat is þe feorþe moder of
þe seoue sunnen. þeo dronc druch oþer ai þing dude hper
þurh na child ne shulde beon on hire istreoned. oþer þat 30
istreonede shulde for pur-þen.' Nis þis strong monslaht
of galnasse apakened ? Alle sunnen sunderliche bi hare
nomeliche nome ne mahte namon rike-nen. Ah iþeo þat
ich habbe iseid.' alle oþere beod bilokene. An nis ich
pene namon þat ne mai under stonden him of his sunnen 35

6 *Space left for initial.* 7 ierusalemes: *third* e *smudged and
repeated above.* 9 sunne: e *smudged and repeated above.* 29
seoue: *second* e *smudged and repeated above.*

MS. CAIUS 234/120 61

no-meliche þnder summe of þe ilke þat imene.' þe beod
þer i pritene.
f þeos sepe beastes ⁊ of hare strenes ipildernesse of
p. 129 anlich lif is iseid hiderto. | þe alle þe forfarinde fondet
te fordonne. þe Leon of prude slead alle þe prude. Alle
þat beod hehe ⁊ for hehe iheorted. þe attri neddre.' þe
ond fule. ⁊ þe luþere iþonked. predfule þe uni-corne.
Alspa of þen oþer areape. to god ha beod isleine. Ah ha
libbed to þe feond. ⁊ beod alle in is hird. ⁊ serued him
10 in his curt. Euch of þe mester þet him to falleð.
E prude beod his bemeres. Drahed pind inpard. of *The proud are the devil's*
porldlich herepord. ⁊ eft pid idel ige⟨l⟩p puffed hit utpard. *trumpeters*
as þe bemares dod. Makied noise ⁊ lud drem to shapen
hare prude. Ah gif ha uel þochten. of godes beme-res
15 of þe englene bemen. þat shulen afour half þe pord. bi
fore þe grurefule dom grisliche blaþen. Arised deade
arised. Cumed to drichti-nes domes for to beon idemed.
þer na prud be-mere ne shal beon iboregen. Gif ha þohten
pel þis. ha palden inoh raþe iþe deoueles ser-uise dim⸗
p. 130 20 luker bemen. Of þeose bemeres seid | Ieremie. Onager
solitarius in desiderio suo attraxit uentum amoris sui.
Of þe pind drahinde in for luue of herepord.' seid as ich
seide.
umme iugelurs beod þe ne cunen ser-uin of nan oþer *The envious*
25 gleo buten maken cheres. prenchen þe mud mis shuli pid *his jesters*
(M. 212) þe ehnen. of þis mester seruid þe un-seli eon⟨d⟩fule iþe
deoueles curt. to bringen a lahtre hare on⟨d⟩fule leouerð.
gef ei ded pel oþer seid pel.' ne mahen ha nanes peis liki
þiderparð þid richt ehe of god heor-te. Ah pinked o þet
30 half ⁊ bihalded a luft gif þer is out to et pite oþer.'
ladliche þiderpard shuled mid eiþer. hpen ha ihe-red þat
god sletteð þe earen adun. Ah þe lust a gein þet uuel
is eapid ope-ne. þenne prenched þe mud mis.' hpen he

3 *Space left for two-line initial.*   11 *Space left for two-line*
initial.   12 ige⟨l⟩p: l *interlined.*   20 seid: d *smudged and*
repeated above.   24 *Space left for two-line initial.*   26
eon⟨d⟩fule: d *interlined with caret.*   27 on⟨d⟩fule: d *interlined*
with caret.   33 eapid *sic, for* eauer pid.

turned þet god to uuel. 7 gef hit is | sumdel uuel.' þurh p. 131
more lastunge pren-ched hit to purse. þeos beod for
quiddares hare ahne prophetes. þeos bodied biuoren hu
þe ateliche deouelen shulen get agastan ham pid hare
grennunge. 7 hu ha shulen ham seolf grennen 7 nipelen. 5
7 makien sur semblant. for þe muchele angoise iþe pine
of helle. Ah forþi ha beod þe lesse te meanen. þat ha
bi foren hont leorned ha meoster te makien grim chere.

The wrathful man his sword-player E preadfule biuoren þe feond skirmed mid knipes. is his knif parpare. 7 plei-ed mid speordes. bered ham bi 10
þe sharpe ord open his tunge. Sperd 7 knif eiþer beod
sherpe 7 keorpinde. pord þat he par-ped from him 7
skirmed topard oþere. And he boded hu þe deouelen
shulen plei-en pid him. mid hare sharpe eaples. Skir'min
pid him abuten. 7 dusten as apilche-|clut. Euch topard p. 132
oþere. 7 pid helle speordes asnesen þurh út þat beod 16
kene 7 eateliche keorpinde pinen.

The sluggard his bosom-sleeper E slaupe lid 7 sleped oþe deoules barm as his deore deorling. 7 þe deouel leid his tutel dun to his earen. 7
tutelid himal þat he eaper uule. for spa hit is sikerliche 20
to hpam se is idel of god. Meaþeled þe feond georne. 7 þe
idele underpeng luueliche his lare. Idel 7 gemeles is þes (M. 214)
deoueles bernes slep. Ah he shal a domes dai grimliche
abreiden. pid þe dred'fule drem of þe englene bemen.
7 in helle pondrede echeliche pakien. Surgite mortui 25
qui iacetis in sepulcris. surgite 7 venite ad Iudicium
saluatoris.

The covetous man his ash-gatherer E gissere is his eskebah. fared abuten esken. 7 bisi⸗ liche stured him te rukelen te'gederes. muchele 7 monie
ruken. blaped þer'|in. 7 blend him seolf. paþered 7 p. 133
maked þer in figures of augrim. As þeos rickene-neres 31
dod þat habbed muche te rikenen. þis is þes kanges

1 *At foot of p. 130 in a darker ink:* Prude and nid. and lecherie.
wrede and idelhed. coueitise and glotunie beod seouen ded
wundes. 8 ha meoster *sic, for* hare meoster. 9 *Space left for
two-line initial.* 18 *Space left for two-line initial.* 22 Nota *in
outer margin.* 23 deoules: *third* e *smudged and repeated above.*
28 *Space left for two-line initial.* 31 rickene-neres *sic, for*
rickeneres; k *smudged and repeated above.*

blisse. 7 þe feond bi hald þis gomen. 7 lahed þat he
bersteð. pel un-derstonde þis euch mon. þat gold ba 7
seoluer. 7 euch porldlich ahte. nis buten eorðe 7 esken
þat ablent euchmon þat in ham blapeð. þat is þat þat
5 bolehed ham þurh ham in heorte prude. And al þat he
rukeled 7 gedered to gedere. 7 ethalt of ani þing þat nis
buten esken mare þen hit neodeð.· shal in helle purden
him ta-den 7 neddren. 7 þa as ysaie seið shulen beon of
purmes his cuuertur 7 his ⟨h⟩pitel þat neolden þar pið
10 neodfule feden 7 shru-den. Subter te sternetur tinea 7
operimentum tuum uermis.
   ⟨Þ⟩E giuere glutun is þes deoules manci-ple. Ah he The glutton his
p. 134 stiked eauer iceler oþer icuche-|ne. his heorte is iþe purveyor
dishes. his þoht al iþe nappes. his lif iþe tunne. his
15 saule iþe croh-he. kimed bi poren his lauert bi smud-ded
7 bi smured. Adich in his an hond. A scale in his oþer.
Meadeled mis pordes pigeled as for drunken. mon þat
haued imut to fallen. bihalt his greate pombe. 7 þe
deouel lahheð. þeos þreated þus god þurh ysaie. Serui
20 mei commedent 7 uos esuri-etis 7 cetera. Mine men
shulen eoten. 7 op shal eaper hungren. 7 ge shulen beon
(M. 216) feon-des fode porld buten ende. Quantum glifica-uit se
7 in deliciis fuit.· tantum date illi tor-mentum 7 luctum.
Apocalipsi. Contra unum quod miscuit date illi duo. gef
25 þen kelche cuppe pallinde bras te drinken. geot in his
pide þrote. þat he spelte inpið. agein gef him tpa. þullich
is godes dom agein gipere 7 druncpile iþe apocalipse. |
p. 135   ⟨Þ⟩E lechurs iþes deopeles curt habbed richt hare ahne The lecher has
nome. for iþes riche curs þeo me cleoped lechurs. þat the foulest office of all
30 habbed spa for ge-ten shame. þat ham nis napiht of
shome. Ah sechhed hu ha mahen mest vilanie pur-chen.
De continentibus dicitur. Hi sunt qui cum muli-eribus
non sunt coinquinati 7 cetera. þe lechur iþes deoueles

   1 Nota *in outer margin.*   9 ⟨h⟩pitel: h *interlined with caret.*
   12 *Space left for initial; guide-letter* þ *in inner margin.*   13 þ
   at foot of p. 133.   19 Nota *in outer margin.*   22 ende: *second*
   e *smudged, expuncted, and repeated above.*   glifica-uit *sic, for*
   glorificauit.   28 *Space left for two-line initial; guide-letter* þ
   in inner margin.

curt bi uuled him seoluen. fulliche 7 his fealages alle.
Stinked of þe fulþe 7 paied pel his lauerð mid þat
stinkinde bred betere þen he shulde.' pid ani spote rechles.
Hu he stinked to god.' In vitas patrum þe engel hit telleð.
þat heold his nase. þa þer com þe prude lechur ridinde. 5
7 naut for þe rotede fleshlich þat he help þe hali hermite
te burien. of alle þe oþe-re þenne habbed þeos þe fuleste
mester iþe feondes curt. þat spa bidod ham seol-uen.
And he shal bi don ham. 7 pinen | ham pid eche pine p. 136
7 stench iþe put of helle. 10
v ge habbed ane dale hi herd mine leo-ue freond. of
þeo þat me cleoped þeo seope moder sunnen. 7 of hare
teames. 7 of hpuche mesters þe ilke men serued iþe
feondes curt. þe habbed ipiped oþeose seo-uen haggen.
7 hpi ha beod spide to hatien. 7 to shunien. ge beod 15
ful feor ham. ure lauerd beo iþonked. Ah þat fule breð
of þis leste unþeu. þat is of lecherie. stinked spa spiðe.
for þe feond hit saped. 7 to bla-ped ouer al. þat ich am
sumdel adred leste hit leape sumcharre in to oper heorte
na-se. Stench stihed uppard 7 ge beoð hehe i-clumben. 20
þer þe pind is muchel of stronge temptaciuns. Vre lauerd (M. 218)
geue op strencþe.' pel to pid stonden.
Remedia contra septem peccata criminalia.

Pride pa se halt him muchel as þe prude doð. hpen he bi (M. 248)
halt hu lutel þe | muchele Lauerd makede him in pid 25 p. 137
apoure maidenes breoste?

Envy ⟨h⟩pa se is ondful bi halde pid ehnen of bilea-pe. hu
iesu god. napt for his god. ah for oþeres god. dude
7 seide. 7 þolede. þe ondfule ne kepte naut. þat ani
dealede on his god. And god almichtin. get efter al þat 30
oþer lihte dun to helle forte seche feolages. 7 te dealen
pið ham þat god þat he heaue-de. Lo nu hu frommard
beod ond fule ure lauerd. fere þat an oþer perned a þing
to leanen feor he haued henepard his bi leaue ehe.

8 seol-uen: *first* e *smudged and repeated above.*   11 *Space left
for two-line initial.*   23 Remedia ... criminalia *written in red
at the end of lines 22 and 24.*   24 *Space left for two-line initial.*
27 *Space left for two-line initial; guide-letter* h *in inner margin.*
34 ehe *below at end of next line preceded by a decoration.*

MS. CAIUS 234/120

(M. 250) ⟨h⟩pa halt predde þe bi halt þat god lihte on eorðe Anger
to makien þreo'fold sahte. Bi tpeone mon 7 mon. bi
tpe-nen god 7 mon. Bi tpeonen mon 7 engel. And efter
his ariste. þa he com 7 shapede him.' þis pes his gretunge
5 to his deore disciples. Pax uobis. Sahtnesse beo bi
p. 138 tpo'|nen op. Meomeð nu georne geme. hpen leof freonð
pend from oþere. þe leste pordes þat he seið. þeo beoð
best athalden. hure lauer'des. laste pordes þa he steh to
heouene. 7 lefde his leoue freond in uncuþe þeode.' peren
10 of spote luue. 7 of sahtnesse. Pa-cem relinquo uobis.
pacem meam do uobis. þat is. Sahtnesse ich do imog op.
Sahtnesse ich leaue pid op. þis pes his driperie. þat he
leauede. 7 gef ham in his departunge. In hoc cognoscetis
quod discipuli mei sitis.' si di-lexionem ad inuicem habue‑
15 ritis loked nu gerne for his dereuurþe luue hpuch amarke
he lei-de upon his icorene.' þa he steh to heouene. In hoc
cognoscetis 7 cetera. Bi þat ge shulen iknapen quod he
þat ge beod mine discipules.' gif spe-te luue 7 sahnesse
is eauer op bi tpenen. God hit pite 7 he hit pat.' me pere
p. 139 20 leoue-re. þat ge peren alle oþe spitel uuele.' þen | ge
⟨p⟩eren ondfule. oþer feol iheorte. for iesu crist al luue.
7 iluue rested him 7 haued his pununge. In pace factus
est locus eius. Ibi confregit poten-cias arcum. scutum.
gladium 7 bellum. þat is. I sahṭnesse is godes stude.
25 7 hper se sahte is 7 luue.' þer he bringet to naut alle þes
deoueles strenc-þe. þer he breked his bohe he seið. þat
beod dearne fondunges. þat he sheoted of feor 7 his
speord baþe. þat beod temptaciuns keor-pinde of neh
7 kene.
30 ⟨n⟩Eomed nu georne geme bi mine fortbis-ne hu god Nine examples
is anrednesse of luue. 7 annesse of heorte. for nis þing of love
under sunne þat me is se leof þat ge habben. Nute ge
þat men þat fehte spa stronge.' þe ilke þat halded ham
(M. 252) faste to gederes. ne muhen beon descom-fit o neauer

1 *Space left for two-line initial; guide-letter* h *in inner margin.*
6 Meomeð *sic, for* Neomeð ; ð *altered from* n.   11 imog *sic, for*
imong.   21 ⟨p⟩eren: p *interlined over an expuncted* g.   30 *Space
left for two-line initial; guide-letter* n *in inner margin.*

A 9200   F

nane pise. Alspa hit is in gast-lich feht agein þen deouel.
al his antente is forto tpinnen heorten. forte bi neomen |
luue. þat halt men to gederes. for penne luue aliðʔ þenne p. 140
beod ha isundreð. And þe deouel ded him in bitpeonen
anan richt. 7 slead an uche halue. Dumbe beastes habbet 5
þis ilke par⟨s⟩chi-pe. þat ha beod asailed of pulf oþer of
leon.ʔ ha þrunget to gederes al þe floc faste. 7 maˡkied
sheld of ham seoluen. euch of hem to oþer. 7 beod þe
pile sikere. Gif eani unseli pent ut.ʔ hit is sone apuried.
þe þridde. þer an ged him ane in an slubri pei.ʔ he slit 10
7 falled sone. þer monie god to gederes. 7 uch halt
oþeres hond gif ani feð to sliden.ʔ þe oþer hine breid up.
er he fule falle. gif þat ha perget.ʔ uch an preoded him
bi oþere. fondunge is sliddrunge. þurh peregunge is
bitacneð þe unþeaues under sleapðe þat beod ineminned 15
þer uppe. þis is þat seint gregorie seið. Cum nos nobis per
orationis opem coniungimus per lubri-|cum Incedentes. p. 141
quasi ad inuicem manus tenemus. ut tanto quis amplius
roboretur.ʔ quanto alteri innititur. Alspa in strong pind.
7 ispifte pattres þat me mot oper paden.ʔ of monie uch 20
halt oþer. þe isun-drede is ispipt ford. 7 forfared eauer.
To pel pe piten hu þe pei of þis porld is slubbri. hu þe
pind 7 þe strem of fondunge aren stronˡge. Muche neod
is þat uch halde pid bisie bonen. 7 pid luue oþeres
honden. for as sa-lomon seið. Ve soli. quia cum ceci⸗ 25
derit. non habet sub-leuantem. pa is eaper þen ane. for
⟨h⟩penne he falled naped he ⟨h⟩pa him are⟨a⟩re. Nan is
him ane þat haued god to fere. 7 þat is uch þat haued
soð luue in his heorte. þe seopede for-bisne is þis gif ge
riht telled. Dust 7 greot as ge seoð for hit is isundred. 30
7 nan ne halt to oþer.ʔ alutel pindes puf todriped hit al (M. 254)
to napt. þer hit is in aclot ilimed to gederes.ʔ | hit lid p. 142
al stille. An hond ful of gerden beod erˡped to brekene
hpil ha beod to gederes. euch-an itpinned lihtliche ber⸗

3 gederes: *second* e *smudged and repeated above.*   5 Nota *in
outer margin.*   6 par⟨s⟩chipe: s *interlined with caret.*   14 Nota
in outer margin.   27 ⟨h⟩penne: h *interlined with caret.*   ⟨h⟩pa:
h *interlined with caret.*   are⟨a⟩re: a *interlined with caret.*

sted. Atreo þat pule fallen. me undersested hit pid an
oþer.' 7 hit stont faste. Totpin ham.' 7 ba falled. Nu ge
habbed nihene. þus i þinges ptepið. neomed fordbisne
hu god is annesse of luue 7 somed-nesse þe halt þe gode
5 someð. þat nan ne mai forpurden. And þis pulled alle
habben. þe irih-te bileaue beoð 7 ispotnesse. oper alle
þing ich palde þat pe leorneden pel þis lescunes lare. for
moni more harm is beod samsunes foxes. þe hefden þe
neb uchan ipend frommard oþere. 7 peren bi þe tailes Samson tied
10 iteihet to gederes. as Iudicum telled. 7 in euhanes teil the foxes together by
ablase berninde. Of þeos foxes ich spec feor þer uppe. their tails
Ah napt oþisse pise. Neomed gode geme hpet hit beo to
p. 143 seggen. Me turned þe neb bliþe¹|liche toparð þing þat
me luueð. 7 from-mard þing þat me heated. þeo habbeð
15 þenne þe neb prongpenð euch frommard oþre.' hpen nan
ne luued oþer. And bi þe tailes ha beod somed. 7 habbed
in ham þes deoueles brune of galnesse. On an oþer pise.
teil bitacneð ende. In hare ende ha shulen boen ibunden
te gederes. as peren samsunes foxes bi þe teiles. 7 iset
20 blasen þer in.' þat is þat fur of helle.

⟨a⟩L þis is iseid mine leoue frend. þat oper Leoue Do you turn
nebbes eauer beon ipend somet pid luueful semblant. 7 your faces to each other in
pid spote chere. þat ge beon a pid annesse of heorte 7 of love
a pil ilimed to gederes. as hit ipriten is bi ure lauerdes
25 deore desciples. Multitudinis credencium erat cor unum
7 anima una. Hpil ge halded ou in an.' offeren op mai
p. 144 þe feond | gif he haued leaue. ah hermin napt mid alle.
(M. 256) þat he þat ful pel. 7 for þi he is umbe deies 7 nihtes to
unlimen op pid pradþe. oþer pid luder onde. And sent
30 mon oþer pummon. te tellen ou bi þat oþer sum bitter tale.
þat suster ne shulde napt seggen bi þat oþer. Oper al ich
forbede op.' ne leue ge napt þes deoue-les sondesmon. Ah
loked þat uhc of op icnape pel hpen he spekeð iþe uuele
monnes tun-ge. Euch noþeles parni oþer þurh ful siker How to warn
35 sondes mon speteliche 7 luueliche. as his leo-ue freond. other

18 shulen: e *smudged and repeated above.* 21 *Space left for*
two-line initial; guide-letter a *in inner margin.* 32 forbede:
second e *badly formed and repeated above.*

of þing þat he mis nimed. gif he hit pat to soþe. Ant
makie hpe se bered þat pord.' recorden hit ofte bi foren
him er he ga. hu he pule seggen. þat he ne. segge hit
oþer peis. ne clute þerto mare. for a-lutel clut mai
ladlechen muchel a muchel hal peche. þeilke þat at his 5
freond þis luue salue underpeð.' þonke him georne. Anð
| segge pid þe salmpurhte. Corripiet me iustus in miseri- p. 145
cordia. 7 increpabit me. Oleum autem peccatoris non
inpin-guet capud meum. And þer efter pid salomon.
meliora sunt uulnera corripientis.' quam oscula blandi- 10
entis. gif he ne luuede me.' nalde he napt parnin me.'
imisericorde. Leouere me beod his punden.' þen fikelinde
cosses. þus on¦spered eaper. And gif hit is oþer peis þen
þe oþer understont.' sende him pord agein þe-rof luueliche
7 softe. And þe oþer leue anan richt 7 luuie as him 15
seoluen. gif þe feond bitpeonen op to blapeð ani pradðe.
oþer gret heorte. þat iesu crist for beode. ear ha beo
iset pel. napt ane to neomen godes flech 7 his blod. ne
purþe nan se pittles. þat he eanes bi halde þer on. ne
loke pid praððe topard him þe lihte to mon in eorðe of 20
heouene.' to maken þreo fold sahte.' as is iseid þer uppe
Sende eiðer oþer pord þat he haued imaked | hire as þah p. 146
ha pere biuoren hire.' ead¦modliche venie. And þeo þat (M. 258)
of drahed þus luue. 7 of gead sahte i 7 nimed þe gult
topard him. þah þe oþer hit habbe mare.' he shal beon 25
mi deorepurðe 7 mi deore bro-þer. for he is godes chilð.
He him seolue seið hit. Beati pacifici quoniam filii dei
uocabuntur. þus prude 7 onde. 7 predðe beoð ihper
aflei-ed. hper se sod luue is. 7 treope bileape. to godes
milde perkes. 7 luuefule pordes. Ga pe nu forþere to þe 30
oþere on areupe.

Against Sloth þa mai beon for sheome slummi. sluggi. 7 slap þe bi
think of
Christ's halt hu bisi pes ure lauerd on roḍę eorðe. Exultauit ut
diligence gigas ad curen-dam uiam. Pertransisiit benefaciendo 7

9 inpin-guet: u *altered from* o. 24 gead: a *interlined over* a.
26 deore: *first* e *smudged and repeated above.* 32 *Space left for
two-line initial.* 33 roḍę: *tail of* r *crossed through.* 34
Pertransisiit *sic, for* Pertransiit.

MS. CAIUS 234/120 69

sanando omnes 7 cetera. Efter al þet oþer. hu he iþat
euen of his lif sponc o þe herde rode. Oþre habbed reste
7 fleod liht. ichambre huded ham. hpen habeod ileten
p. 147 bloð on an erm eddre. and | he on munt caluarie steh
5 o rode herre. ne ne sponc neaper mon. se spiðe ne se
sare as he dude þe⟨t⟩ ilke dai. þat he bledde ofif half
brokes of ful brade punden 7 deope. piduten þe eddren
capitale þe bled-den on his heaped. under þe kene þeor-
nene crune. 7 pid uten þe ilke reout-fule garces of þe
10 ludere scurgunge geont al his leofliche lich. napt ane of
his shonken. Togeines slape 7 sleperes.' is spiðe openliche
his earliche ariste from deaþe to liue.
⟨a⟩geines gissunge is his muchele pouer-te þe pox eaper Against
uppen him. se lengre se mare. for þa he pes iboren. þe Covetousness
think of His
15 þat prahte þe eorðe.' ne font napt on eorðe spa muchel poverty
place. as his lutle bodi mah-te beon ileid on. Spa narep
p. 148 pes þe stude þat un eaðþe. his moder 7 ioseph seten | þer
(M. 260) in. 7 spa ha leiden him on heh up in a-cracche. pid
clutes bi prabbeð.' as þe godspel seið. pannis eum
20 inuoluit. þus feire he pes ishruð þe heouenliche shup⸗
pende. þat shru-det þe sunne. Herefter þe peoure leapedi
of heouene. fostrede him 7 fedde pid hire lutle milc. as
maiden deh to habben. þis pes muchel pouerte. Ah mare
com þer af-ter. for lanhure get he hauede fode as feol
25 to him. 7 in stude of in.' his cradel herbare¦hede him.
Seoþen as he menede him nef-de he hper he mahte huden
his heapeð. filius hominis non habet ubi capud suum
reclined. þus pouere he pes of in. Of mete he pes spo
neodful. þat þa he heapede i ierusalem opalme sunedai
30 al dei ipreched 7 hit nehlachede niht.' he lokede abuten
hit seið iþe dog-spelle. gif eai palde cleopien him to mete
p. 149 oþer to herbereghe. Ah nes þer neaper an 7 | spa he
pende ut of þe muchele burh into bethanie to marie hus
7 marthen. þer as he eode mid his desciples sumchere

6 þe⟨t⟩: t *interlined with caret.* 8–9 þeornene: *second* e *smudged
and repeated above.* 13 *Space left for two-line initial; guide-letter*
a *in inner margin.* 28 reclined *sic, for* reclinet. 30 ipreched:
r *smudged and repeated above.* dog-spelle *sic, for* godspelle.

ha bre-ken þe eares bi þe pei. 7 gnuddeden þe cur-neles ut bitpeonen hare honden 7 eten for hunger. 7 peren get þer fore spiðe ica-lengeð. Ah alre mest pouerte get com her eafter. for stertnaked he pes des׀poiled oþe rode. þa he mende him of þurst.' pater ne mahte he habben. 5 Get þat mest punder is. of al þe bra-de eorðe. ne moste he habben agrot forte deien up on. þe rode hefde afot oþer lutel mare. 7 þat pes to his pine. Hpen þe porldes peldende palde beon þus peoure.' unbileued he is þe luued to muchel 7 gissed peordes peole 7 punne. 10

Against Gluttony, His pittance on the Cross
gein glutunie is his poure pitance þat he heauede on rode. Tpa maner | men habbed neode to eoten pel. p. 150 Spinkinde 7 blodletene. þet day þat he pes baþe isar (M. 262) spinc 7 lete bloð as ich nest seiðe. Nes his pitance o ro-de buten a spunge of galle. Loke nu ⟨h⟩pa gruch-ched. 15 gef he þencheð pel her on of mistrume mel. of unsapure metestes of poure pitance.

Against Lechery, His purity
gein lecherie is his iborenesse of þe cleane meiden. 7 al his cleane lif þat he ledde on eorðe. 7 al þat him fuleden. þus lo þe articles þat beoð þah me seide þe liþes of ure 20 bileape anond godes mon hed. hpa se inpardliche bihalt ham fehted te geines þe feond. þat fonded us pid þeose seouen deadliche sunnen. for þi seid seinte peter. Christo in carne passo. 7 uos eadem cogitacione armemini. Armed op he seið pið iesu crist. þat in ure flesh pes 25 ipineð. And seinte papel. Reco-gitate qualem apud semedipsum sustinuit contradiccionem ut non fatigemini. þencheð þencheð seið seinte papel hpen ge perged ifecht a geines þe deouel.' | hu ure lauerd seolf pidseið his flesh⸗ p. 151 liche pil 7 ge pid segged opre.' Non dum enim restititsis 30 ad sanguinis effusionem. ge nabbed napt pid stonden aþet þe shedunge of oper blod. as he dude of his for op. ageines him seoluen onont þat he mon pes of ure cunde. get ge habbeð þat ilke bloð. þat ilke blisfule bodi þat com of þe maiden. 7 deide oþe rode. nicht 7 day bi op. 35

6 þat: t *smudged and repeated above.* 11 *Space left for two-line initial.* 15 ⟨h⟩pa: h *interlined with caret.* 18 *Space left for two-line initial.* 22 pid: d *altered from another letter.* 32 Nota *in outer margin.*

MS. CAIUS 234/120

nis þer napt bitpeonen. Ah euch day he kimed forð 7
shaped him to op fleshliche 7 licamliche inpid þe masse.
Biturnd þah an oþer liche under breades fur-me. for in
his ahne ure ehnen ne mahten napt þe brichte sihde
5 þolien. Ah spa he shaped him op as þah he seide. Lopr
ich her hpet pulle ge. Segged me hpet pere op leof. hperto
neodeð op mened oper neode. Gef þe feondes ferde. þat
beod his temptaciuns as sailed op spiðe.' onsperied him
(M. 264) 7 segged. Metati sumus castra Iuxta lapidem adiutorii.
p. 152 10 Porro philistiim uenerunt in afech. Ge | Lauerd pe beoð God will
ilogeð her bi þe þat artston of help. tur of tre⟨o⟩ue protect you, as he saved
succurs. castel of streng-þe. And þe deoueles ferde is Jehoshaphat from the
poddre upen us þen open ani oþre. þis ich neome of Philistines
regum. for þer hit telleð al þus. þat israel godes folc
15 com 7 logede him bi þe stan of help. 7 þe philisteus
comen into afech. Philisteus beod unphites. Afech on
ebreis.' speleð neope podshipe. Spo hit is piterliche. hpen
mon logged him bi ure lauerð. þenne an earest bi ginned
þe deouel to peden. Ah þer hit telled þat israel pende
20 sone þe rug. 7 peren four þusent iþe flucht sari liche
islaine. Ne pende napt þe rug mine leoue freonð. Ah
pið stondeð þe feondes ferd amidde þe fore heaued as
is iseid þer uppe pid stronge bi leaue. 7 pid þe gode
Iosaphat sended boden sondesmen sone efter succurs. to
p. 153 25 þe prince of heouene. In parabolis. | In nobis quidem
non est tanta fortitudo ut possimus huic multitudini
resistere que irruit super nos set ignoremus quid agere
debeamus. hoc solum habemus residui ut oculos nostros
dirigamus ad te. Sequitur. Hec dicit dominus uobis
30 Nolite timere. 7 ne paueatis hanc multitudinem. Non
enim est uestra pugna set dei. tantummodo confidenter
state 7 videbitis auxilium dei super uos. crederitis in
domino deo uestro 7 securi eritis. þis is þat engli⟨s⟩ch.
In us nis napt deorepurde lauerd spa muchel strencðe þat
35 mei pid stonden þes deoueles ferd. þat is spo strong

11 tre⟨o⟩ue: o *interlined with caret.*   23 stronge: r *altered from* o *and repeated above.*   25 parabolis *sic, for* paralipomenon.
33 engli⟨s⟩ch: s *interlined.*

uppon us. Ah hpen me spa beod bi stadde. spa stronge
bi stonden. þat þe mid alle na red ne cunnen bi us
seoluen./ þis an ge mahen don. heouen ehnen up to þe
mild-fule lauerd. þu sende us sucurs. þu te dref ure fan./
for te þe þe loked. þus þid þe gode ioselphað. hpen god 5
kimed bi poren op. 7 freined þat ge pulled. 7 in euch
time pen þe neode | habbeð shapeð se speteliche to his p. 154
spote earen. Gif he sone ne hered op./ geied luddre 7 (M. 266)
medleslu-ker. 7 þreated þat ge pulled gelden up þe castel
buten he sende sonre help. 7 hihie þe spidere. Ah pite 10
ge hu he onspered iosaphat þe gode./ þus o þisse pise.
Nolite timere 7 cetera. þus he onspered op./ hpen ge help
clupieð. Ne beo ge napt of-fered. ne drede ge ham naphit.
þah ha beon stronge 7 monie./ þat feht is min napt oper.
Sulement stondeð sikerliche. 7 ge shulen seon mi sucurs. 15
habbed ane to me trusti bi leape. 7 ge beod al sikere.
Lokeð nu hpuch help is trusti bi leape. for al þat help
þat god bi hat. þat strencðe to stonden þel al is in hire
Stand upright, ane. Hardi bi leape maked stonden upricht. 7 þe unpiht
lest the devil
ride you nis napt ladre. forþi þis is his þord In ysaie. In-curuate 20
ut transeamus. Buh þe he seið dunepard. þat ich mahe
ouer þe. þilke buhed him þat to his fondunge beieð his
heorte. for hpil he stond | upricht./ ne mai he nopder p. 155
uppon him./ ne ruken ne riden. Lo þe traitre hu he seið
Incuruate ut transeamus. Buh þe let me leapen up nuli 25
napt longe riden ah ich chulle pen-den oper. He lihed seid
seint Bernard. Ne lef þu him napt þe traitre. Non uult
transire set residere. Nule he napt penden oper./ ah pule
ful faste sitten. Sum pes þat lefde him. þohte he shulde
sone adun as he bi hat eauer. Do he seid þis eancherre. 30
7 shrif þe þrof te marhen. Buh þin heorte let me up.
shech me adun pid shrift. gif ich alles palde ride þe longe.
Sum as ich seide. lefde him. 7 beh him. 7 he leop up
7 rad him tpenti ⟨ger⟩ 7 mare. þat is. ha dude a sunne
iþe nicht þurh his prokun-ge. 7 þohte þat ha palde hire 35

1 *Plummet note (15th century) in outer margin, missing letters
cropped:* þou lyste . . .   he col . . .   croke/   34 ⟨ger⟩
interlined over an expuncted þer.

shripen ine marhen. 7 dude hit eft 7 eft. 7 felh spa iful
p. 156 pune. þat he lei 7 rotede spa þerin.· | spa longe as ich
ear seide. 7 gif a miracle nere þat pufte adun þene deouel.
(M. 268) þat set on him so faste.· he heauede itorpled pid him baþe
5 hors 7 lade dun into helle grun-de. forþi mine leoue
freond halded op eue-ne upricht iteope bi leape. Harde*
liche ile-ued þat al þes deoueles strencðe melted. þurh
þe grace of þet hali sacrement. hest oper oþre. þat ge
seot as ofte as þe preost mas-sed. þe meiden⟨e⟩ beren
10 iesu god godes sune. þelicome liche lichted. oþerhpiles
to oper in. 7 inpid op eadmodliche nimed his he-reborge.
God hit pat ha beod to pake 7 to unpreste iheorted.· þe
pid þulli gest herdiliche ne fechteð. Ge shulen in bileape
habben. al þat hali chirche deð. ret oþer singeð. 7 alle
15 hire sacremenz strencged op gastliche. ah nan se ford ase
p. 157 þes feor hit bringeð. te napt alle þes deoueles | piheles.
Napt ane his strencdes. 7 his stronge turnes.· ah ded al
spa his piltfule creokes. his prenchfule pichecraftes. 7
alle hise bulun-ges. ase lease speuenes. false shapunges.
20 dredliche offerunges. fikele 7 spikele redes. As þat hit pere
o godes half. 7 god forte donne. for þis is his is vnperc The devil's
as ich ear seide. þat hali men mest dreded. þat he haued guile in
tempting
moni hali men grimliche ibuled. hpen he ne mai napt
bringen to nan open uuel.· he sput to þing þat þunched
25 god. þu shul-dest he seið beon mildre 7 leten ipurden
þi-castiement. napt trublen þin heorte. 7 sturien in to
predðe. þis he seid for þi. þat þu ne shuldest napt
chastien for his gult.· ne tuhten pel þi suget. ·And bringed
into gemeles istude of eadmodnesse. Eft riht þer to
30 geines. Ne let þu him na gult ga to genes he seid. gif
þu pult. þet he drede þe halt him nearupe. richtpissenesse
p. 158 he | seid mot nede beon sturne. And þus he lited cruelte.
pid heope of richtpissnesse. Me mai beon to rihtpis.
Betere is pis liste þene pið luþer strencþe. Hpen þu
35 hauest longe ipalkeð. 7 shuldest gon to slepen. Nu is

6 iteope *sic, for* itreope.   7 Nota *in outer margin.*   9
mas-sed: sed *smudged and repeated in outer margin.*   meiden⟨e⟩:
third e *interlined with caret.*   16 pigeles. *written as catchword
at foot of p. 156.*   22 Nota *in outer margin.*

vertu he seid to pakien.· hpen hit greued þe. Sei iet
anocturne. for hpi ded he spa? for þi þat ha shulde (M. 270)
slepen eft. pen time pere to pakien. Eft riht þer to
geines. gif þat þu mahtest pakien pel.· he leid on þe an
heui-nesse. oþer ded iþi þoht. pisdom is þinge best. Ich 5
chulle gan ⟨nu⟩ to slepen. ꝫ arisen nu nan. ꝫ don opic=
luker þenne þet ich nu don shulde. And spa ofte inoh
raþe. ne destu hit nopder time. of þis ilke materie ich
spec muchel þer uppe. I þulliche temptaci-uns nis nan
spa pis. ne se par bute god him parni.· þat nis bi giled 10
ofte. Ah þis hehe sacrament in hardi bileaue. oper alle |
oþer þing unprid his unprenches.· ꝫ breked hise strencþes. p. 159
Ipis leope freond. hpen ge neh op feled him. for ⟨h⟩pon
ge habben hardi bi'leape.· nule ge bute lahhen him lude
to bise-mare. þat he is spa muchel ald chang. þe kimed 15
his pine to echen. ꝫ breiden op cru-ne. Sone se he sið
op hardi ꝫ bald in godes grace.· his mihte melted. ꝫ he
flid sone. Ah gif he mai under geoten. þat oper bileape
falsi spa. þat op þunched. þat ge mahten beon allunge
iled oper. gif ge peren spide i þe ilke stunde itempted. 20
þer pid pe unstre-nged. ꝫ his mihte paxeð.

Do not be like   ⟨p⟩E reded iregum. þat isboseth lei ꝫ slepte ꝫ sette
Ishbosheth who
slept in the   a pummon gatepard þat pindpe|de hpete. ꝫ comen racabes
midst of his
enemies   sunes. Remon ꝫ banaa. ꝫ funden þe pummon istunt of
hire pindpunge ꝫ ifolen a slepe. ꝫ penden in ꝫ slohen 25
isboseth þe unseli. þat lokede him se | uuele. þe bitac= p. 160
nunge her of.· is muchel neod to understonden. ysboseth
on ebreisch is mon bimesed on englisch. And nis he
piterliche amased. ꝫ ut of his pitte. þe amidden his fon
leið him to slepen? þe geatepard is pittes ski-le. þat 30
ahte pindpin hpete. Sheaden þe ei-len. ꝫ þe chef from
þe cleane cornes. þat is. þurh bisipardshipe sundri god
from uuel. Don þe hpete in gerner. ꝫ puffen eauer apei (M. 272)
þe deoueles chef. þat nis nocht buten to helle smordre.

6 *First* ⟨nu⟩ *interlined over an expuncted* ma *already altered to* nu.
13 *Two or three letters erased after* feled.   ⟨h⟩pon: h *interlined
with caret.*   Nota *in outer margin.*   17 melted: *first* e *smudged
and repeated above.*   22 *Space left for two-line initial; guide-letter*
p *in inner margin.*   23 *One or two letters erased after* pummon.

Ah þe bimesede isboseth Lo hu meseliche he dude. Sette
apummon to geatepard. þat is feble parde. peilapei as
feole dod þus. pummon is þe reisun. þat is pittes skile.
hpen hit unstrengeð. þe shulde beon monlich. steale‡
5 purde 7 kene itreope bileape. þes geatepard lid to slepen.·
sone se me bi'ginned consenti to sunne. Let þe lust gan
p. 161 inpard. 7 þe delit paxed. hpen recabes sunes | þat beoð
helle bernes ifinded spa unpaker 7 se neshe getepard.· gad
in sled ysboseth. þat is þe bimasede gast þe in aslepe
10 geme-les forgemed him seoluen. þat nis napt to forgetene.
þat ase hali prit hit seið. ha þurh stihten him dun iþe
shere. her seið seint gregorie. In inguine ferire est.
vitam mentis carnis dilectione perforare. þe feond þurh
stiched þe shere.· hpen delit of leche-rie þurled þe heorte.
15 7 tis nis buten islepe of gemeles 7 of slauþe. As seint
gregorie pitneð. Antiqus hostis mox ut mentem ocio-sam
inuenerit ad eam subquibusdam occasionibus locuturus
uenit. 7 quedam ei de gestis preteritis ad memoriam
reducit. Audita quedam uerba in decenter resonat. 7
20 infra putruerunt. 7 de'teriora sunt cicatrices mee. Cica‡
trix quippe est figura uulneris sed sanati. Cicatrix ergo
ad putredinem re'dit. quando peccati uulnus quod per
p. 162 penitentiam sanatum est in delec-|tacionem sui Animus
concutit. þis his þat englisch. Hpen þe alde unpine sið
25 slepen ure skile.· drahed him anan topard hire 7 feled pid
hire aspeche. þenchedst tu he seid hu þu speke þo of
fleshes galnesse. 7 speked þus þe alde speoke topard hire
heorte. pordes þat ha herde gare fulliche iseide. oþer
sih-þe þat he seh. oþer his ahne fulþen. þat ha sum
30 ⟨h⟩pile prahte. Al þis he put ford bi-poren þe heorte
ehnen forte bi fulen him pid þoht of alde sunnen.· hpen
he ne mai neope. And spa he bringed agein into þe
adotede saple. þurh licunge þe ilke sun-nen þe þurh reod‡
(M. 274) fulsar peren ibet gare. Spa þat he mai pepen 7 meanen

16 Antiqus *sic, for* Antiquus.   23 delec-tacionem: *third* e
indistinct and repeated above.   Animus *sic, for* Animum.
30 ⟨h⟩pile: h *interlined.*   32 bringed: e *smudged and repeated*
                                     above.

sari man piŏ þe salmpurhte: putruerunt 7 corrupte 7
cetera peilapei mine punden þe peren feire iheled gedered
neope pursum. 7 fod on eft to ro-tien. Healed punde
þenne bi ginned to ro-tien.' hpen sunne þat pes ibet kimed
eft. | pid licunge. In to munegunge. 7 slead þe unparre 5 p. 163
saple. Gregorius. ysboseth inopinata morte nequaquam
subcumberet nisi ad ingressum mentis mulierem. id est.
mollem custodiam deputasset. Al þis unlimp is þurh þe
geatepardes slep. þat nis par 7 paker. ne nis napt mon‐
lich. ah is pummonlich eŏ te opercasten. Beo hit pummon 10
beo hit mon.' þenne is a þe strenc-þe afte⟨r⟩ þe bileape.
7 efter þat me haued trust to ges help þat aa is neh.'
bute bi-leape trukie. as ich ear obupen seide. Heo
unstrenged þen unpiht. 7 ded him fleon anan richt. forþi
beod eaper agein him hardi as leon in treope bileape. 15
neo-meliche iþe fondunge þat isboseth deide on. þat is
galnesse. Lo hu ge mahen cna-pen þat he is arh champiun
þe skirmed topard þe fet þe sechet se lahe on his cemp‐
ifere. fleshes lust is fotes punde as is feor iseid þer uppe.
And þis is þe | raisun. As hure fet bered us.' al spa ure 20 p. 164
lustes bered us ofte to þing þat us luste after. Nu þenne
þah þi fa hurte þe oþe fet. þat is to seggen. fonded pid
fleshes lustes.' for spa lah punde ne dred þu napt to sare
bute hit to spide spelle þurh skiles gettun-ge. pid to
muchel delit up topard þe heor-te. Ah þenne drinc þenne 25
eatterleaþe. 7 drif þe spalm ageinpard fromart þe he-orte.
þat is to seggen. þench oþe eattri pinen. þat god dronc
oþe rode.' 7 þe spalm shal setten. Prude. 7 honde. 7
predde. heor-te sar for pordlich þing. dreori of long-
gunge. 7 gissunge of eahte. þeos beod he-orte punden. 30
7 alle þat of ham floped. 7 geoped deaþes dunt. anan
buten ha ben isaluet. hpen þe feond smit þidepard þen-ne
is ipis to dreden.' 7 napt for fot punden.

Against every sin there is a remedy: against Pride, humility

Rude salue is eadmodnesse. Ondes.' feo|lahliche luue. (M. 276)
preddes.' þeolemodnesse Acci-dies.' redunge. Misliche 35
perkes. gastliche | froure. Gissunges.' ouerhohe of pord‐ p. 165

11 afte⟨r⟩: r *interlined*. 12 ges *sic, for* godes. 18 fet: e
smudged and repeated above. 34 *Space left for two-line initial.*

liche þin-ges. festshipes freoheorte. Nu of þe eareste on
alre earest. Gif þu pult beon Edmodi þenh eaper hpet
þe ponted. of holinesse. 7 of gast-liche þeapes. þench
hpet þu hauest of þe seolf þu art of tpa dalen. of licame
5 7 of saple. In eiþer beod tpa þinges. þat mahen muchel
meoken þe. gif þu ham pel bi haldest. Iþe-licame is fulþe
7 unstrengþe. Ne kimed of þe flehs spuch þing as þer is
inne? Of þi fleshes fetles. kimed þer smel of aromaz.
oþer of spote bapme. Deale drue sprute-len beored pine
10 berien. Breres Rose blos-men. þi flesh hpet frut bered
hit in alle his opennges. Amid þe menske of þi neb. þat
is þe feireste deal. bitpeonen mudþes smech 7 nases smel.
ne berest þu as tpa priue þurles? Nart tu icumen of ful
slim? Philosophus. Sperma es fe⟨ti⟩dum. vas stercorum.
15 esca ver-mium. Nartu fulþe fette. Ne bistu pur-me fode.'
p. 166 Nu aflehe mai eilin þe. Makien | þe te blenchen. Eaþe
maht tu pruden. Bihald hali men þat peren sum hpile.
hu ha festen. hu ha pakeden. ihpuch passiun 7 spinc
ha-peren. 7 spa þu maht iknapen þin ahne pake un≠
20 strencþe. Ah pastu hpat apileget monnes feble ehnen.
þat is hehe iclum-ben.' þat he bi halt dunepard. Augusti≠
nus. Sicut incentium est elacionis respectus inferioris.' St. Augustine's
sic cautela est humilitatis consideracio superioris. Alspa advice: look up to the better,
(M. 278) hpa se bi halt to þeo þat beod of lah lif. þat maked him not down to the worse
25 þenchen. þat he is of heh lif. Ah bi halt áá uppard
topard heouenliche men þe clumben spa hehe. 7 þenne
shalt þu iseon hu lahe þu ston-dest. fasten a seouenaht
to bread 7 te patere. þreo niht to gedere⟨s⟩ pakien. hu
palde hit unstrengen þi fleshliche strengþe? þus þeos tpa
30 þing bihald iþi licame. fulþe 7 unstrengðe Iþi saple oþer
p. 167 tpa. sunne 7 ignorance. þat | is pnpisdom. 7 unpeote≠
nesse. for ofte þat þu penest god.' is uuel 7 saule morðre.
Bihalt pid þin heorte ehe þine sheome sunnen. Dred get
þin pake cunde. þat is ed parpe. 7 sei pid þe hali mon.

2 þenh *sic, for* þench.   9 bapme: e *smudged and repeated above.*   11 opennges *sic, for* openunges.   13 Nart: t *smudged and repeated above.*   14 fe⟨ti⟩dum: ⟨ti⟩ *interlined over an erased* t.
21 *A letter erased after* hehe.   23 Nota *in outer margin.*
28 gedere⟨s⟩: s *interlined.*

78   ANCRENE RIWLE

þo he gon to pepen. 7 sei-de þa me talde him. þat an
of his feren þes pid a pummon ifleshes fulþe ifallen. Ille
hodie ego cras. þat is. he te dai ich to marh-en. As þah
he seide. Of as un strong cunde ich am as he þes. 7
alspuch me mai bi limpen buten god me halde. þus lo 5
þe hali mon nefde of þes odres fal nan punderlich oper-
hope. Ah bi peop his unhep. 7 dredde þat him mahte
al spuch bitiden. oþis pise eadmo-died 7 meoked op
St. Bernard seoluen. Bernardus. Su-perbia est appetitus proprie
excellencie. humilitas contemptus eiusdem Alspa as 10
prude is pilnunge of purdshipe.' richt alspa þertegeines
ead-modnesse is forkestunge of purhtshipe. 7 lu-ue of
lutel herepord. 7 of lahnesse. þis þeap is | alre þeapene p. 168
St. Gregory moder. 7 stroned ham alle. Gregorius Qui sine humilitate
uirtutes congregat.' quasi qui in uen-to puluerem portat. 15
þe is umben pid uten him to gederin gede þeapes.' he
bered dust iþe pinde. as seint gregorie pittned. þeos ane
bid iboregen. þeos ane vid buheth þe deoueles grunen
St. Anthony of helle. As hure lauerd shapede sint antonie. þe seh al
þe porld ful of þes deoue-les tildunge.' Alauerd quod he 20
hpa mai pið þeose piten him. þat he ne beo mid summe
ilaht? Ane þe eadmode quod ure lauerd. Spa-sutil þing
is eadmodnesse 7 spa sumhel.' þat na grune ne mai hire
athalden. And lo muchel punder. þah ha hire mak⟨i⟩e
spa smel 7 spa meoke.' ha is þing strongest. spa þat of (M. 280)
St. Cassiodore hire is uch gastlich strencðe. Seint cassi-odere hit pitneð. 26
Omnis fortitudo ex humili-tate. Ah salomon seið þe
reisun hpi. Vbi humi-litas ibi sapiencia. þer as eadmod⸗
nesse is.' þer he seid is iesu crist. þat is his fader pisdom.
7 his fader strencðe. Nis na punder þenne þah | strencþe 30 p. 169
The example of Jesus Christ beo þer as he is pid grace Inpuniinde. þurh þe streinþe

12 purhtshipe: p *altered from another letter and repeated above.*
13 *At top of p. 168, in a late 13th-century hand:*
    In propriis ⟨nominibus⟩ icus producitur ut fredericus.
    Vir ferus est amicus ideo nullius amicus.
16 gede *sic, for* gode.   18 vid: v *smudged and* vid *repeated in outer margin.*   22 Ane: e *badly formed and repeated above.*   23 ne: e *smudged and repeated above.*   24 mak⟨i⟩e: i *interlined with caret.*   31 uel þurh *interlined over* pid.

of eadmodnesse. he porþ þe purse of helle. þe geope
prastlare nimed geme hpet turn his fere ne cunne napt.
þat he pid prestled. for pid þat turn he mai him unmund⸗
lunge par-pen. Alspa dude ure lauerd. He seh hu fele
5 þe grim-me prestlare of helle breid upen his hupe. 7 parp
pid þe hanche turn. into galnesse þe rix-led iþe lenden.
hef on heh monie. 7 pende abu-ten pid ham. 7 spuong
ham pid prude dun into helle grunde. þohte ure lauerd
þat al þis bi'hold. ishal don þe aturn þat þu ne cuþest
10 neaper. ne neaper ne maht cunnen. þe turn of eadmod⸗
nesse. þat is þe fallinde turn. And feol from heouene to
eorðe. 7 stracte him spa bi þe eorðe. þat þe feond pende
þat he pere al eordlich. 7 pes bilurt mid þe turn. 7 is
get uche dai of eadmode men 7 pummen þe hine pel
15 cunneð. On oþer half as iob seið. He ne mai for prude
buten bi halden hehe. Omne sublime vident oculi eius.
p. 170 hali men þat haldeð | ham lutle. 7 of Lah lif. beod ut
of his sihðe. þe pilde bor ne mai napt buhen him to
smiten. hpa se falled adun. 7 þurh meoke eadmodnesse
20 strecheh him bi þer eorðe is carles of his tuskes. þis nis
napt agein þat ich habbe iseið ear. þat me schal stonden
eaper to geines þe deouel. for þat stondunge is treope
trust of hardi bileape.' upon godes strencðe. þis fallunge
is eadmod cnapunge of þin ahne pacnesse. 7 of þin
25 vn-strengþe. Ne nan ne mai stonde spa.' buten he þus
falle. þat is leten lutel tale. 7 pnpurð 7 eadelich eaper
(M. 282) of him seoluen. Bihalde his blac 7 napt his ⟨h⟩pite. for
hpit apileged þe ehe. Eadmodnesse ne mai neaper beon
for prei-seð. for þat pes þat lessun þat ure lauerð
30 inpardlukest lerede his icorene. pið perc ba 7 pid porde.
Discite a me quia mitis sum 7 humilis corde. In hire he Humility the
healded napt ane drope mele. Ah flopinde geoted pellen He taught
of his grace. As seið þe salmpurhte. Qui emittit fontes
in conuallibus. Iþe dalen þu makest he seið pellen to

16 *One or two letters erased after* oculi. 18 pilde: e *smudged
and repeated above.* 20 strecheh *sic, for* strecheð. 22 geines:
second e *badly formed and repeated above.* 27 ⟨h⟩pite: h *inter-
lined with caret.* 33 emittit *sic, for* emittis.

springen. | Heorte to bollen. ⁊ ihopen ase hul.' ne et halt p. 171
na pete of grace. Ableddre ibollen of pind.' ne de-ped
napt into þeos halpinde pattres. Ah anel-de prechunge
parped al þat pind ut. An eade-lich stiche oþer ache.
maked to understonden hu lutel prude is purð. hu egede 5
is apantinge.

To Envy oppose good will Nde salue is iseide fealahliche luue. ⁊ god un-nunge.
⁊ god pil þer mihte of deade faileð. Spa muchel strencðe
haued luue ⁊ god pil.' þat hit maked oþeres god ure god.
ase pel ase his þat hit purched. Sulement luue is god. 10
beo pil'cpeme ⁊ gled þer of. þus þu turnest hit to þe.'
⁊ makest hit þin ahne. Seint gregorie hit pitneð. Aliena
bona si diligis tua facis. gif þu hauest onde of oþeres
goð.' þu attreste pid healepi. ⁊ pundest þe pid salue.
þi salue hit is gif þu hit luuest agein saple hurtes. ⁊ þi 15
streigþe agein þe fond is al þat god þat oþer dod. gif
þu hit pel unnest. piterliche ich leue. ne shulde fleshes
fondunges namare þene gastliche maistre þe neapere.' gif
þu art spote in heorte. Eadmod | ⁊ milde. ⁊ luuest spoa p. 172
inpardliche alle men ⁊ pum-men. þat þuard sari of hare 20
uuel. ⁊ of hare god glad as of þin ahne. vnnen þat alle
þat luuied þe luueden ham ase þe. Gif þu hauest cnif oþer
clað. oþer mete oþer drunch. scroue oþer quaier. hali
monne froure. oþer ai oþer þing. þat ham palde freo⸗ (M. 284)
mien.' unnen þat þu hauedest vonte þerof þi seolf.' pid 25
þon ⟨þat⟩ he⟨o⟩ hit heaueden Gif ani is þat napet napt þe
heorte þus afeitet.' pid seorhful sike ba bi dai ⁊ bi nicht
grede on ure lauerd. Ne neaper grit ne geue him aþet
he þurh his grace.' habbe hire spuch aturned.

To Wrath oppose patience Alue of predðe ich seide pes þeolemodnesse. þat haued 30
þreo steiren. Heh. ⁊ herre. ⁊ alle're hest. þe hehe
heouene. heh is þe steire. gif þu þolest for þi gult.
herre.' gif þu nauest gult. Alre hest.' gif þu þolest for þi

1 Vesica *in outer margin*.   5 Nota *in outer margin*.
7 *Space left for two-line initial*.   12 ahne: e *smudged and repeated
above*.   26 *First* þat *in inner margin; caret between* þon *and*
he⟨o⟩.   he⟨o⟩: o *interlined*.   30 *Space left for two-line initial*.
31 primum *in inner margin*.   33 secundum *in outer margin*.

goddede. Nai seid sum amased þing. gif ich hauede gult
þerto.' nalde ich neaper menen. Art tu þat spa seist ut
p. 173 of þi seoluen? Is þe leoue'|re to beon Iudases fealahe
þen Iesu cristes fere? Baþe aperen an honged. Ah
5 Iudas for his gult Iesu pid uten gult. for his muchele
godlec pes an hon arode. Hpederes fere pultu beon. pið
peþer pult tu þolien. Of þis is muchel ipriten þer uppe.
hu he is þi pile. þe mis seið oþer mis ded þe. Lime is
þe frenhs of file. Nis þeo ore acursed. þat ipurded þe
10 spartere. 7 ruhure se hit is mare ifiled? Arusted þe
spidere. þat me hit scured harde? Gold. seoluer. stel.
iren. al is or. Gold 7 seoluer clensed ham of hare dros
iþe fur. gif þu gederest dros þerin.' þat is agein cunde.
Argentum reprobum uocate eos. þe c⟨h⟩aliz þe pes þerin
15 imelt. 7 strongliche ipelled. 7 seoþen þurh spo moni
dunt. 7 frotun-ge to godes nep se spide feir afeiteð.
palde he gif he cuþe speoken aparien his clansing fur. 7
his pruhte honden.' Alþis porld is godes smið to smeoþen
p. 174 his icorene. pultu þat god nabbe | na fur in his smiðe. The world is
20 Ne balies ne homeres. fur is pine 7 shome. pine bealies God's smithy, where He forges
beoð þat þe mis seggeð. pine homeres þat þe hermed. His elect
þench of þis ensample. Quid gloriatur impius. si de ipso
flagellum facit pater meus. hpen dai of richt is iset. ne
(M. 286) ded he shome þe demare. þat aþis half þe ⟨i⟩sette dai.
25 breked þe triues 7 apreked him oþe oþer on him seoluen?
And hpa nat þat domes dai nis þe isette dai to do riht
alle men.' halt þe triues þe hpiles. hpet poh þat me ded
þe. þe riht pise demere haued iset þene dai to lokin riht
bi tpeonen op. Ne do þu him napt shome forhohie prake
30 of his dom. 7 neomen to þin ah-ne. Tpa þinges beoð þat
god haued athalden to him soluen. þet beod purdshipe
7 prake. as hali prit pitned. Gloriam meam alteri non
dabo. Item michi vindictam 7 ego retribuam. hpa se
eaper on him seolf taked opðer of þeos tpa.' he robbet
35 god 7 reapeð. Deale art tu spa prað pid mon oþer pid

1 .iij.a *in inner margin.* 14 c⟨h⟩aliz: h *interlined in a different ink;* chaliz, *in the original ink and hand, in inner margin.*
20 Nota *in outer margin.* 24 ⟨i⟩sette: i *interlined with caret.*

pummon. þat þu pult forte preoken | þe. reapen god p. 175
pið strencðe.

To Sloth oppose ⟨a⟩ccidies salue is gastlich glad shipe. 7 freo-pre of
joy, which
comes from gladful hope. þurh redunge. þurh hali þoht oþer of
holy reading monnes muðe. Ofte ⟨leo(ue)⟩ frend ge shulen prin lasse 5
forto reden mare. Re-dunge is god bone. Redunge
teched hu 7 hpet me bidde. 7 beode biget hit efter.
Amidde þe Redunge hpen þe heorte liked.' kimed up
a deuociun. þat is purh monie benen. for þi seið seint
Ieronime. Smper in manu tua sacra sit lectio. tenenti 10
tibi librum manus subripiat. 7 cadentem faciem pagina
sancta suscipiat. hali readunge beo eaper iþi-ne honden.
slep go uppen þe as þu lokest þer on. 7 þe hali pagine
ikepe þi fallinde neb. Spa þu shalt readen geornliche 7
lon-ge. Euch þing þah me mai oper don best is eauer 15
mete.

Against ⟨a⟩geines gissunge ich palde þat oþere shu-neden gede≠
Covetousness,
be free-hearted runge as ge dod. to muchel | freolac cundlid hire ofte. p. 176
freo iheorted ge shu-len beon. Ancre of oþer freolec.
haued ibeon oþer hpiles to freo of lecherie. 20
Alnesse kimed of gipernesse. 7 of fleshes eaise. for as (M. 288)
seint gregorie seið. Mete 7 druch oper muche.' teamed
þreo temes. Lihte pordes. Lihte perkes. 7 lecheries
Of Gluttony, lustes. Vre lauerd beo iþon-ked. þat haued of giuernesse
which begets
Lechery, you iheled op mid alle. Ah galnesse ne bið neaper allunge 25
are freed, but
carnal desires cleane acpeint of fleshes fondunge. Ah þat pnder ston-ded
abide. In them
there are three pel þat þreo degrez beoð as seint Bernarð pitneð. þe
degrees: forme is cogitaciun. þe oþer is affecti-un. þe þridde is
Cogitation,
Affection, concente. Cogitaciuns beod flo-pinde þohtes. þat ne
Consent lested naut. 7 þeos as seint bernard seið ne hurted napt 30

3 *Space left for two-line initial; guide-letter* a *in inner margin.*
4 redunge: *first* e *smudged and repeated above.* 5 leo[ue] *in
outer margin; missing letters cropped.* 9 purh *sic, for* purþ.
10 Smper *sic, for* Semper. 14 ikepe: *first* e *smudged and
repeated above.* 17 *Space left for two-line initial; guide-letter*
a *in inner margin.* palde: e *smudged and repeated above.* 21
Space left for two-line initial. 23 [li]ht *in outer margin; missing
letters cropped.* 27 Nota *in outer margin.* 29 [co]gitacio
in outer margin; missing letters cropped.

þe saple. Ah þah ha bispotted hire spa pid hare blake speckes: þat nis ha napt purde þet iesu hire leofemon. þat is al feir bicluppe hire. ne cusse hire er ha beo ipeshen. Spuch fulðe as hit kimed licht-liche. 7 lichtliche
p. 177 5 get apei pið penies. pid confite¹|or. pid alle goddeden. Affectiun is hpen þe þocht god inpard. 7 delit kimed up. 7 þe lust paxeð. þenne as pe⟨s⟩ spot er uppo þe hpite hude þer pax-ed punde. 7 deoped intopard þe saple. Efter þat þe lust gead. 7 þe delit þerin: fordere 7 forðe.
10 þenne is neod to geien. Sana me domine. Alauerd hel me for ich am ipundeð. Ruben primogenitus meus ne crescas. Ruben þu reade þoht. þu blodi delit ne pax þu neaper. Concence. þat is skiles gettunge. hpen þe delit iþe lust is igan se ouer porð. þat þer nere nan pid seg⸗
15 gunge. gif þer pere eise to fullen þe dede. þat is hpen þe hcorte dra-hed to hire unlust as þing þat pere amamed. 7 fed on as te pinken: to leoten þe feond ipur-den. 7 leid hire seolf dunepart. buhid him ase bit. 7 geied crauant crauant ase spohinde. þenne is he kene: þat pes ear
20 curre. þenne leaped he to: þe stod er ferrento. 7 bit deades bite o go-des deore spuse. Ipis deades bite for hit ted beoð attri: as of apod dogge. Dauid iþe sapter
p. 178 cleo¹|ped hine dogge. Erue a framea deus animam meam 7 de manu canis vnicam meam.
25   or þi mine leoue frend. Sone se ge eaper pndergeted. Resist them,
(M. 290) þat þes dogge of helle cume snakerinde. pid his blodi making the Cross your flehen of stinkinde þohtes: ne li þu napt stille. ne ne site sword nou-þer to loken hpat he pule don. ne hu feor he pule gan. Ne sei þu napt slepinde. Ame dogge go her ut.
30 hpet pult þu herinne? þis him tolled inpard. Ah nim anan þe rode staf mid nemnunge iþi mud nemnugge. mid þe merke iþin hond. mid þoht iþin heorte. 7 hat him pt haterliche þe fule cur dogge. 7 liþere to him luderliche. pid þe hali rode staf: Stron-ge bac duntes. þat is. Rung
35 up sture þe. halt up Ehnen an heh. 7 ehnen topard heouene. gei-efter succurs. Deus in adiutorium meum

6 affeccio. *in outer margin.*   7 pe⟨s⟩: s *interlined.*   13 consensus *in outer margin.*   25 *Space left for two-line initial.*

in. tende. Domine adiuuandum me festina. Veni creator.
Exurgat deus. Deus In nomine tuo. Domine quid multi-
plicata. Ad te domine leuaui. Ad te leuaui. Leuaui
oculos. Gif þe ne cumed so-|ne help.' gei luddre pid hat p. 179
heorte. Vsquequo obliuis-ceris me in finem. And spa al 5
þat salm oper. pater noster. credo. Aue maria. pid
halsinde bonen. oþin ahne leodene smit smeortliche adun
þe knon to þer eorðe. 7 breid up þe rode staf. 7 speng
him afopr half a gein helle doggen. þat nis napt elles.
buten blesse þe al abuten pid þe eadi rode taken. Spit 10
him amid þe berd to hoker 7 to scarne. þe fliþe-red spa
pid þe. 7 fiked dogge fagenunge. hpen he for se licht
purd. for þe licunge of a lust ane hpi-le stuche chaped
þe saple godes deore bune. þat he bohte pid his blod.
7 pid his deorepurdeð o þe deore rode. A bihald hire 15
purð þat he paiede for hire. 7 dem þer after hire pris.
7 beo on hire þe deorre. Ne sule þu neaper se eþeliche
his fa 7 þin eiðer his deorepurðe spuse þat costnede him
spa deore. Makien deoueles hore of hire is repðe oper
Be not as she repðe. To unprest mid alle he is þat mai ⟨pid⟩ to heopen 20
who is too
slothful to hold up hire þreo ⟨fingres⟩.' oper cumen his ⟨i⟩fa. 7 ne luste
up three fingers for slouþe. Hef for þi pid treope 7 hardi bileape | ut þine p. 180
to overcome
her foe þreo fingres. 7 pid þe hali rode staf.' þat him is lad cuggel (M. 292)
lei oþe dogge deouel. Nempne ofte iesu. cleope his
passiunes help. halse bi his pinen. bi his deorepurðe 25
blod. bi his ded o rode. flih to his punden. Muchel he
luuede us. þe lette makien spucche þurles in him. for
to huden us in. Crop in ham pid þi þoht. ne beod ha
al opene? Aind pid his deore-purde blod. bi blodege þin
heorte. Ingredere in petram abscondere in fossa humo. 30
Ga into þe stan seið þe prophete 7 hud þe iþe doluen
eorðe. þat is iþe punden of ure lauerdes flesh þat pes as

---

1 in. tende *sic, for* intende. 6 oþer: e *smudged and repeated
above.* 14 Nota *in outer margin.* 20 repðe: p *smudged
and repeated above.* Nota *in outer margin.* ⟨pid⟩ *interlined
with caret.* 21 ⟨fingres⟩ *interlined over* frngres. ⟨i⟩fa:
i *interlined with caret.* 25 pinen: e *smudged and repeated above.*
29 blodcge: *first* e *smudged and repeated above.*

idoluen. pid þe dulte nailes. As he iþe sapter longe
biforen seiðe. foderunt manus meas 7 pedes meos. þat
is adulpen me þe fet 7 þe honden. Ne seide he napt
þurleden. for eafter leattre as hure maistres segged. spa
5 peren þe nailes dulte: þat ha dulpen him. 7 to bre-ken
þe ban mare þene þurleden to pinen him sare. He him
seolue cleoped þe topard þeose punden. Columba mea in
p. 181 foraminibus petre in | cauernas macerie. Mi culure he
seið. Cum hud þe iþe þurles of mine limes. Iþe hole of
10 mine siðe. muchel luued he þe culure þat he spuch hudles
makede. Loke nu þat þu þat he cleoped culure: habbe
culure cunde. þat is pid uten galle. 7 cum to him balde⸗
liche. 7 make sheld of his passiun. 7 sei pið Ieremie. Make the
Dabis scutum laboris cordis laborem tuum. þat is þu shield passion your
15 shalt geue me lauerd heorte sheld. A gein þe feond: þi
spineful pine. þat hit spinc-ful pes: he shapede hit piter⸗
liche inoh: þa he spat-te ase blodes dropen þe runnen to
þer eorðe. Me shal halden sheld ifhet hehe abupen
heaped. oþer agein þe breost. Napt ne drahen bi hinden.
20 Al richt al spa gif þu pult þat þe rode sheld. 7 godes
stronge passiun false þe deoueles pepnen: Ne drah þu hit
napt after þe. Ah hef hit an-heh: bupen þin heorte
heaued. iþine breoste eh-nen. hald hit up to gein þe
(M. 294) fond shap hit him piterliche. þe sihðe þerof ane bringed
25 him a-fluhte. for ba him grised þer pið: 7 sheomed ut
p. 182 of pitte. Efter þat ilketime þat ure lauerd | þeruid brohte
spa grunde his cunite culpardshipe 7 his prude sthengðe.
Gif þu þurh ⟨þin⟩ gemeles peredest þe earest pacliche. 7
geue þe fond inliong to ford iþe frumþe. spa þat þu ne
30 maht reculin him ageinparð for þin muchel unstrenc-ðe.
Ah art ibrocht spa oper forð. þat þu ne maht þis scheld
halden upen þin heorte heaued. ne pren-chen hire þer
under frommard þes deoueles aruen: Nim alest ford seint
beneites salue. þah ne þerf hit napt beon spo oper strong:

1 pid: d *smudged and repeated above.* 16 Nota *in outer margin.* 19 breost: e *smudged and repeated above.* 27 sthengðe *sic, for* strengðe. 28 ⟨þin⟩ *over an expuncted* him. 32 þer: r *altered from* n. 33 deoueles: d *altered from* r.

as his pes. þe palepunge. rug. 7 side. 7 pombe. ron al
o red blod. Ah la hure. gef þi seolf hpen þe strongest
stont." a smeort discipline. 7 drah as he dude. þat spete
Defend your- licunge into smerttunge. gif þu þus ne dest napt. Ah
self keenly slepinde perest þe." he pule gon to ford o þe ear þu lest 5
pene. 7 brin-gen þe of ful þoht." in to delit of ful lust.
7 spo he bringed al oper to skiles gettunge. þat is dead-lih
sunne." pid uten þe dede. 7 spa is ec þe delit of þat
stinkinde lust. pid uten grant of þe perc se | longe hit p. 183
mai lesten. Nunquam enim Iudicanda est delec-tacio 10
morosa dum racio reluctatur. 7 negat assensum. Hpen
þe skile ne fehted na lengere þerto geines. for þi leope
frend. as ure lauerd leared. totred þe ned-dre heaped.
þat is þe bi ginnunge of his fondunge. Beatus qui tenebit
7 allidet paruulos suos ad petram. Eadi is seið dauid þe 15
pid halt him anerest. 7 to breked to þe stan." þe eareste
surunge. Hpen þet flesh arised hpil þat ha beod gunge.
Vre lauerd is icleoped stan for his treopnesse. 7 In
Canticis. Capite nobis uulpes paruulas que demoliuntur
vineas. Nim 7 kech us leofmon anan þe gunge foxes. 20
þat beod þe eareste preocunges. he seid ure lauerd. þe
destruet þe pin garges. þat beod ure saplen. þat muchel (M. 296)
tilunge mot to." te beren pin beriend. þe deouel is beore
cunnes. 7 haued asse cunde. for he is bi^lhinden strong.
7 iþe heaued feble. spa is beore 7 asse. þat is iþe frumþe." 25
ne gef þu him neaper ingong. Ah tap him oþe skulle. for
he is earh as beore þer on. 7 hihe hine spa þeonepard.
7 | aschur him spa sheomeliche sone se þu under getest p. 184
him. þat he halt him ishent. 7 þat him grise pid þe-stude
þat þu punedest inne. for he is þinge pruudest 7 him is 30
sheome ladest.
At the first L spo Leouc freond. sone so þu eaper felest þat þin
onset crush the
temptation heorte pid luue falleð to ani fleshlich Luue. ophit oper≠
mete." anan richtes beo par of þe neddre attre. 7 to tred

5 Nota *in outer margin.*   7 dead-lih *sic, for* deadlich. '   17
surunge *sic, for* sturunge.   19 destruunt vineas. *in outer margin.*
23 Nota *in outer margin.*   24 cunde: d *altered from* n.   32
Space left for two-line initial.   33 fleshlich: *some letters smudged
and* [fles]hlich *repeated in outer margin ; missing letters cropped.*

his heaued. þe cpelne seide ful soð þe pid astrea tende alle hire panes.' þat muchel kimed of lutel. and nim nu geme hu hit fared. þe sparke þe pint up. ne bringet napt anan riht. þat hus al aleie.' ah lid 7 keched mare fur.
5 7 fostred ford 7 paxed from lasse to mo-re. And ded al þat hus bleasien forð er me lest pene. And þe deouel bloed þer on from þat hit earest cundled. 7 mucheled his bali bles eauer as hit paxeð. Vnderstond þis bi þe seolf. Asihþe þat þu sist. oþer an anleapi pord. þat þu
p. 185 10 mis herest.' gif hit apiht stured þe cpench hit pid | teares paterie. 7 mid iesu cristes blod. hpil hit nis buten a sparke. er þen hit paxe. 7 ontcde þe. spa þat þu hit na mahe cpenchen. for spa hit timed ofte. And hit is riht godes dom. þat hpa ne ded þen-he mai.' ne shal þen
15 he palde.

2 [ve]tula. *in outer margin; missing letters cropped.* 8 Nota *in outer margin.* 12 ontede: d *altered from* e. 14 riht: h *altered from another letter.* 15 *The rubric* De thaise meretrice. *follows the* Ancrene Riwle *without a break. Extracts from* Vitas Patrum *follow.*

The manufacturer's authorised representative in the EU for product safety is Oxford University Press España S.A. of El Parque Empresarial San Fernando de Henares, Avenida de Castilla, 2 - 28830 Madrid (www.oup.es/en or product.safety@oup.com). OUP España S.A. also acts as importer into Spain of products made by the manufacturer.
Printed and bound by CPI Group (UK) Ltd, Croydon, CR0 4YY

20/03/2026

02075339-0006